Hartmut W. Mayer
Von der Grundlagenkrise der Mathematik
zu den Gödelschen Unvollständigkeitssätzen

Philosophie, Naturwissenschaft und Technik
Band 15

Hartmut W. Mayer

Von der Grundlagenkrise der Mathematik zu den Gödelschen Unvollständigkeitssätzen

Umschlagabbildung: © Pixabay.com

ISBN 978-3-7329-0934-6
ISBN E-Book 978-3-7329-9015-3
ISSN 2365-4074

Herstellung durch Frank & Timme GmbH,
Wittelsbacherstraße 27a, 10707 Berlin.
Printed in Germany.
Gedruckt auf säurefreiem, alterungsbeständigem Papier.

www.frank-timme.de

Inhaltsverzeichnis

1 Vorwort und Einführung

Ziel dieser Arbeit ist, Hintergründe der *Grundlagenkrise der Mathematik*[1] und deren Rettungsversuche bis zu den von *Kurt Gödel* 1931 publizierten „*Unvollständigkeitssätzen*" einem breiten Publikum verständlich zu machen. Die Gödelschen Unvollständigkeitssätze setzen den mathematischen Forschungen Grenzen und bewegen bis heute die philosophischen Debatten über die Grundlagen unserer Erkenntnisfähigkeit. Wenn den exaktesten theoretischen Wissenschaften mit all ihren logischen Werkzeugen und formalisierten Gedankensystemen Schranken gesetzt sind, dann liegt hier (in Analogie zur Heisenbergschen physikalischen Unschärferelation) eine *logische Unschärferelation* vor.

Die Grundlagenkrise der Mathematik zeichnete sich etwa Mitte des 19. Jahrhunderts ab und wurde mit den bahnbrechenden Arbeiten Georg Cantors seit ca. 1875 manifest. Die vorliegende Schrift erläutert die Ursachen der mathematischen Grundlagenkrise und beleuchtet die intensiven Rettungsversuche ab 1899 bis 1930. Während dieser Zeitspanne formulierte der Mathematiker David Hilbert sein optimistisches Forschungsprogramm[2], das er 1900 auf dem *Zweiten Mathematiker-Kongress* in Paris der Fachwelt vortrug. Das *Hilbert Programm* war um 1900 rudimentär gefasst und entwickelte sich vor allem in den 1920er Jahren zu einer reifen, formalistisch-finitistischen Zielsetzung, zu der sich auch bis Ende der zwanziger Jahre der Logiker Gödel bekannte. Mit Gödels bahnbrechender Publikation „*Über formal unentscheidbare Sätze der Principia Mathematica und verwandter Systeme I*" (1931) erwiesen sich alle Rettungsversuche, insbesondere das Hilbert Programm, zumindest partiell als gescheitert.

1 Die Grundlagenkrise wird korrekt als „*mathematisch-logisch*" bezeichnet. Allerdings besteht in der Forschung keine Einigung darüber, wie Logik und Mathematik abzugrenzen sind. In dieser Arbeit wird deshalb meistens nur das Attribut „*mathematisch*" verwendet.

2 Dieses Programm wurde später unter dem Namen „*Formalismus*" und „*Finitismus*" bekannt.

Die *Gödelschen Unvollständigkeitsbeweise* und deren Konsequenzen werden bis heute als revolutionär für Mathematik, Logik, Informatik, Linguistik und die theoretische Philosophie angesehen. Da Mathematik und Logik einen wichtigen Bereich unserer kognitiven Strukturen darstellen, ergibt sich gerade für die Philosophie die Fragestellung, was die Unvollständigkeitssätze für unser Denken und logisches Schließen bedeuten. Hauptanliegen dieses Buches ist die Unvollständigkeitssätze Gödels historisch getreu nachzuvollziehen und deren Konsequenzen für Mathematik, Logik, Informatik und Philosophie verständlich zu machen.

Das vorliegende Buch basiert auf meiner Masterarbeit in theoretischer Philosophie an der Fernuniversität Hagen. Die (gemäß universitären Standards geforderte) wissenschaftliche Strenge der historischen Recherche wurde beibehalten, allerdings mit erklärenden „Verständnisbrücken" und Beispielen ergänzt, um auch dem interessierten Laien dieses per se schwierige Gebiet nahe zu bringen.

Kapitel 2 behandelt die *mathematische Grundlagenkrise*, die ab etwa 1875 mit der Entstehung der Mengenlehre durch Georg Cantor offenbar wurde. Diese neuartige „*Theorie der Umfänge*" erwies sich als unverzichtbar für die Grundlegung der Mathematik, da mit Hilfe des Mengenbegriffs Zahlen, Funktionen, Relationen, Ordnungsstrukturen etc. und damit die Mathematik als Ganzes formal aufzubauen ist. Der Mengenbegriff führte jedoch zu logischen Antinomien, die durch selbstbezügliche Konstruktionen (wie die *Russellsche Antinomie*) entstanden. Zur Rettung des unsicher gewordenen Fundaments arbeiteten sich diverse Forschungsrichtungen ab, insbesondere der *Logizismus*, *Intuitionismus* und *Formalismus*. Besonders spannend ist dabei die Verflechtung und das sich gegenseitige Abarbeiten von Mathematikern, Logikern und Philosophen. Von großer Bedeutung für die Fundierung der Arithmetik der natürlichen Zahlen erwiesen sich die *Peano Axiome*, die Gödel zusammen mit der ‚*Principia Mathematica*' seinen berühmten Unvollständigkeitsbeweisen zugrunde legte.

Kapitel 3 befasst sich mit dem *Hilbert Programm*, das 1900 in Paris auf dem *Zweiten Mathematiker-Kongress* große Aufmerksamkeit erregte. Nur ein Jahr zuvor hatte Hilbert eine streng-formale Neufassung der *Euklidischen Geometrie* vorgelegt und parallel dazu auch die *nicht-Euklidischen Geometrien* axiomatisch begründet. Hilbert konnte die Widerspruchsfreiheit dieser geometrischen Axiomensysteme demonstrieren, allerdings nur als *relativen Beweis*, d.h. nur unter der Annahme, dass auch die Arithmetik widerspruchsfrei ist. Unter den 23 ungelösten in Paris vorgetragenen Problemen betonte Hilbert an zweiter Stelle die „*Widerspruchslosigkeit*[3] *der arithmetischen Axiome*", die auf *direktem Weg* zu beweisen sei. 30 Jahre später demonstrierte der erst 25 Jahre alte Kurt Gödel, dass dieser Beweis im Hilbertschen Sinne unmöglich ist (Kapitel 5).

Kapitel 4 behandelt zwei erfolgreiche Meilensteine des Hilbert Programms in den 1920er Jahren: die Beweise der Widerspruchsfreiheit und die Vollständigkeit der *Aussagenlogik* und *Prädikatenlogik erster Stufe*. Es war Gödel selbst, der 1929 die *Vollständigkeit* des Prädikatenkalküls erster Stufe demonstrierte, um allerdings nur ein Jahr darauf die *Unvollständigkeit* der Arithmetik zu beweisen.

Die Begriffe „*Vollständigkeit*" und „*Unvollständigkeit*" sind zentrale Termini der vorliegenden Arbeit. „*Vollständigkeit*" war für Hilbert eine selbstverständliche Forderung, die alle Axiomensysteme zu erfüllen hätten; Kriterien hierzu wurden von ihm bis in die 1920er Jahre nur informell gefasst. Deshalb werden in Abschnitt 4.3 moderne Definitionen wichtiger Termini (wie *vollständig, beweisbar, entscheidbar*) vorgenommen, ohne jedoch tiefer auf die moderne *Modelltheorie* eingehen zu können, in der diese Begriffe scharf gefasst sind.

Kapitel 5 bespricht die *Gödelschen Unvollständigkeitssätze* von 1930/31 und damit das (zumindest partielle) Scheitern des Hilbert Programms. Gödels Unvollständigkeitssätze zählen bis heute zu den wichtigsten Theoremen der modernen Logik; sie haben die Mathematik und Informatik revolutioniert und die theoretische Semiotik und Philosophie geprägt.

Der *erste Unvollständigkeitssatz* beweist, dass ein widerspruchsfreies, hinreichend starkes formales Axiomensystem (wie die Arithmetik, Algebra, Mengenlehre und die erweiterte Prädikatenlogik) nicht alle wahren Aussagen mit

3 Hilbert verwendete um 1900 anstatt *widerspruchsfrei* oder *konsistent*: „*widerspruchslos*".

eigenen formalen Mitteln aufweisen kann. Auch durch Erweiterung der Axiome lässt sich keine Vollständigkeit erreichen. *Philosophisch betrachtet* ist damit die Vision von Gottfried W. Leibniz gescheitert, eine universelle, rein formale, symbolische Sprache der menschlichen Erkenntnis erschaffen zu können, mit der formal *beweisbar ist*, was inhaltlich *wahr* ist.

Der *zweite Unvollständigkeitssatz* besagt, dass ein solches hinreichend mächtiges System seine eigene Widerspruchsfreiheit nicht beweisen kann (unter der Annahme, dass dieses in der Tat widerspruchsfrei ist). Dieses Ergebnis kann als der gravierendste Schlag gegen das Hilbert Programm gewertet werden.

Protagonisten des Hilbert Programms beurteilten die Auswirkungen der Unvollständigkeitssätze unterschiedlich. Ansichten bedeutender Wissenschaftler und Zeitgenossen Gödels werden in Abschnitt 5.4 vorgestellt.

Kapitel 6 betrachtet ausblickend Auswirkungen der Gödelschen Unvollständigkeitssätze. Die nach Mitte der 1930er Jahre einsetzenden wissenschaftlichen Forschungen in Mathematik, Logik, Informatik, Semiotik und Philosophie können hier nur gestreift werden. Festzuhalten ist, dass das Hilbert Programm mit seinem radikalen Anspruch gescheitert ist und die mathematische Grundlagenkrise streng genommen ungelöst ist. Das Hilbert Programm bleibt zwar ein wichtiger Pfeiler in der heutigen Mathematikausbildung an Schulen und Universitäten, leider aber oft ohne Benennung seiner intrinsisch-logischen Grenzen. Das Wesen von Mathematik und Logik und deren Beziehungen zu unseren kognitiven Denkstrukturen kann wissenschaftlich nur unter Einbeziehung der Grenzen verstanden werden, die uns die Gödelschen Unvollständigkeitssätze auferlegen.

Anmerkungen zur verwendeten Terminologie

Die Fachterminologie in dem analysierten Zeitraum des frühen 20sten Jahrhunderts unterscheidet sich nicht nur von Autor zu Autor, sondern ist aus heutiger Sicht veraltet. Um eine einheitliche Verständlichkeit in allen Kapiteln zu erreichen, waren terminologische Anpassungen unvermeidlich:

Logische Symbole werden unabhängig von der historischen Notation modern wie folgt dargestellt (weitere Notationen werden im Text erklärt):

und	oder	nicht	folgt	für alle	es gibt	Element von	Teilmenge von
$\wedge$	$\vee$	$\neg$	$\rightarrow$	$\forall$	$\exists$	$\in$	$\subset$

Die Begriffe „*formales System*“, „*Kalkül*“, „*Mathematik im engeren Sinn*“, „*Syntax*“ werden gelegentlich als Synonyme angesehen, auch wenn es in einzelnen Situationen gerechtfertigt ist, ein *formales System* von seiner *Syntax* zu unterscheiden. Ebenso werden „*Metamathematik*“, „*interpretierte Mathematik*“, „*Mathematik im weiteren Sinn*“, „*Semantik*“ häufig als Synonyme betrachtet.

„ “ verweist auf „Verständnisbrücken“ als Hilfestellung für den interessierten Laien. Hier wird auf erläuternde Beispiele verwiesen oder auf wichtige bzw. zu überspringende Textteile.

2 Die mathematische Grundlagenkrise

Mathematische Krisen wurden schon früh als solche benannt, z. B. als die Pythagoreer die *irrationalen Zahlen* (wie $\sqrt{2}$) entdeckten, die ihr Weltbild erschütterten. Die Pythagoreer postulierten philosophisch, dass alle Erscheinungen allein mittels *natürlicher* Zahlen und deren *rationalen* Verhältnissen beschreibbar seien.

Auch die Namensgebung der transzendenten, imaginären, komplexen, hyperrealen, transfiniten Zahlen u. v. a. verdeutlicht ein initiales Unbehagen damaliger Zeitgenossen. Doch stellten diese Entwicklungen keine die Mathematik selbst bedrohende Krise dar. Die Grundlagenkrise des 20. Jahrhunderts war einschneidender, sie bedrohte die scheinbar sichere Basis des gesamten mathematischen und logischen Fundaments.

Die *mathematische Grundlagenkrise* entwickelte sich mit der Ausformulierung der Mengenlehre durch Georg Cantor (1845–1918). Mit dieser Theorie ließen sich *Unendlichkeiten* beliebiger Komplexität konstruieren, die jeglicher Intuition abträglich waren. Es entstanden Antinomien, logisch-syntaktische und semantische Paradoxien, welche die Grundlage der Mathematik als Ganzes erschütterten. Eine Mathematik, die sowohl eine Aussage **A** als auch **nicht-A** logisch ableiten kann und somit nicht *widerspruchsfrei* ist, hat kein solides Fundament.

Verschiedene Forschungsrichtungen (oft mit stark konträren philosophischen Grundpositionen) formierten sich mit der Zielsetzung, der Mathematik eine sichere Grundlage zu garantieren. Die einflussreichsten Strömungen waren der *Logizismus* (2.2), *Intuitionismus* (2.3) und der *Formalismus* (2.4), letztere vor allem geprägt durch David Hilbert (1862–1942).

Logizismus, Intuitionismus, Formalismus – diese Trias wurde zum mathematikphilosophischen Klassiker durch die drei entsprechenden

Referate, die Rudolf Carnap, Arendt Heyting und John von Neumann auf der Grundlagenkonferenz 1930 in Königsberg hielten.[4]

Diese „*Trias*"-Kategorisierung setzte sich bis heute durch. Verkürzt gesprochen vertrat der *Logizismus* eine Reduktion der Mathematik auf die Logik, der *Intuitionismus* die Notwenigkeit einer radikalen Begrenzung logischer Schlussregeln und der *Formalismus* eine Neubegründung der Beweistheorie. Diese Forschungsrichtungen waren häufig zerstritten, beeinflussten und befruchteten sich aber wechselseitig. Hilbert und Gödel befassten sich mit allen Strömungen.

2.1 Mengentheorie, Unendlichkeiten und die Grundlagenkrise

Georg Cantor gilt als Begründer der *Mengenlehre*, die er ab ca. 1870 ausarbeitete. Er konnte sich auf Vorarbeiten der Mathematiker Bernard Bolzano (1781–1848) und Richard Dedekind (1831–1916) stützen.

1895 definierte Cantor den Begriff „*Menge*" (vorher oft von ihm benannt als „*Mannigfaltigkeit*" oder „*Vielheit*"):

> Unter einer ‚Menge' verstehen wir jede Zusammenfassung M von bestimmten wohlunterschiedenen Objekten m unserer Anschauung oder unseres Denkens (welche die ‚Elemente' von M genannt werden) zu einem Ganzen.[5]

Die Mengentheorie ist für den Aufbau der Mathematik von größter Bedeutung:

1. Aus der axiomatisierten Mengenlehre lässt sich die gesamte klassische Mathematik aufbauen; das beinhaltet die Konstruktionen der

4 Tapp, 2013. Grenzen des Endlichen. S. 75.

5 Cantor, 1895. Transfinite Mengenlehre. S. 482. [Philosophisch interessant ist die Formulierung „*unserer Anschauung oder unseres Denkens*". Letzteres beinhaltet beliebige Fiktionen und macht Antinomien wie die „*Menge aller Mengen*" verständlich. H. M.].

Zahlen, insbesondere ℕ (die *natürlichen*), ℤ (die *ganzen*), ℚ (die *rationalen*), ℝ (die *reellen*), ℂ (die *komplexen*) Zahlen sowie Funktionen, Relationen, Ordnungsstrukturen u. v. a.[6] Weiterhin entstanden neue Zahlenarten, Cantors *transfinite Zahlen*, die Theorien der *Kardinal-* und *Ordinalzahlen* mit quantifizierbaren (sic!) aber unerschöpflichen, also *endlos fortzusetzenden Unendlichkeitsstufen*.

2. Gestützt auf Axiome der Mengenlehre begannen Bertrand Russell (1872–1970) und Alfred N. Whitehead (1861–1947) den bis in die 1930er Jahre generell anerkannten Versuch, die *Aussagen-* und *Prädikatenlogik* sowie Teilgebiete der klassischen Mathematik auf die Mengenlehre zu reduzieren und die Mengenlehre als Teilgebiet der Logik zu interpretieren (2.2). Sie publizierten zwischen 1910 und 1913 das monumentale dreibändige Werk ‚*Principia Mathematica*' (**PM**). Die in der **PM** entwickelte Logik bildete dann auch die Grundlage für die Gödelschen Unvollständigkeitssätze 1930/31.
3. Gleichzeitig stürzte die Mengenlehre die Mathematik in ihre tiefste Grundlagenkrise. Der Mengenbegriff erlaubte Konstruktionen einer verwirrenden Vielfalt an Unendlichkeiten, die zu Antinomien und Paradoxien führten (vgl. Fußnote 5). Bekannt ist die *Russellsche Antinomie*, die Russell 1902 an Gottlob Frege (1848–1925) kommunizierte. Sie beruht auf folgender mengentheoretischer Konstruktion:

   Es seien **x** beliebige Mengen und **M** die Menge aller Mengen, die sich nicht selbst enthalten, d. h. $\mathbf{M} = \{\mathbf{x} \mid \mathbf{x} \notin \mathbf{x}\}$. Es stellte sich die Frage, ob **M** sich selbst enthält oder nicht, d. h. ob $\mathbf{M} \in \mathbf{M}$ ist oder $\mathbf{M} \notin \mathbf{M}$?

   Wäre $\mathbf{M} \in \mathbf{M}$, dann folgt aus der Definition von **M**, dass $\mathbf{M} \notin \mathbf{M}$.

   Wäre $\mathbf{M} \notin \mathbf{M}$, dann müsste nach Definition von **M** gelten, dass $\mathbf{M} \in \mathbf{M}$.

   Beispiel: Anschaulich kann man sich eine Menge, die sich *nicht selbst enthält* als die Menge aller Autos vorstellen, denn die Menge

6 Mathematiker unter dem Pseudonym ‚*Nikolas Bourbaki*' bewiesen um 1939, dass die gesamte klassische Mathematik auf die axiomatisierte Mengenlehre zurückgeführt werden kann.

aller Autos ist selbst kein Auto. Eine Menge die *sich selbst enthält* wäre die Menge aller abstrakten Begriffe. Diese Menge ist sicherlich selbst ein abstrakter Begriff.

Cantor und andere Mathematiker entdeckten bereits vor Russell mengentheoretische Antinomien. Aufgeschreckt durch diese Widersprüche entstanden zwischen Befürwortern der neuen Mengenlehre und deren Gegenrednern, insbesondere durch Leopold Kronecker (1823–1891), philosophisch-mathematische Grabenkämpfe. Einigkeit in der Trias Logizismus, Intuitionismus, Formalismus bestand nur darin, die *Widerspruchsfreiheit* der Mathematik als Ganzes zu sichern und Paradoxien zu vermeiden.

4. Die Axiomatisierung der Mengenlehre musste somit deren Widerspruchsfreiheit garantieren. Zu diesem Zweck konstruierten Russell und Whitehead die sog. *Typenklassifikation* der Mengen, die aber auch Mängel offenbarte. Bis heute gilt die *Zermelo-Fraenkel* (ZF) Axiomatisierung bzw. ZFC[7] erweitert mit dem sog. *Auswahlaxiom* als Standard für die Mengentheorie. ZF wurde 1907/08 von dem Mathematiker Ernst Zermelo (1871–1953) erstellt und um 1921 von Abraham Fraenkel (1891–1965) und Albert Skolem (1887–1963) modifiziert. Die Gödelschen Unvollständigkeitssätze gelten jedoch auch für die Mengenlehre, d. h. unter Annahme der Widerspruchsfreiheit der Mengentheorie lässt sich ihre Konsistenz mit eigenen Mitteln nicht beweisen.

Hinweis: Der Rest des Abschnitts 2.1 kann beim ersten Lesen ggf. übersprungen werden. Wichtig ist, die Bedeutung der Mengenlehre für den Aufbau der Mathematik zu verstehen, gleichzeitig aber die auftretenden logischen Schwierigkeiten zu begreifen, die sich mit der Mengenlehre einstellen.

7 Das „C" in **ZFC** steht für *Auswahl* (engl. Choice). Das *Auswahlaxiom* ist in **ZF** nicht beweisbar und besagt: „Jede Menge von nichtleeren Mengen hat eine Auswahlfunktion." (s. Kap. 3).

Es zeigte sich, dass beim Übergang von endlichen auf unendliche Mengen die Intuition verloren geht, der Mathematiker somit nur noch streng formal argumentieren kann. Für endliche Mengen **M** ist die *Mächtigkeit* (Synonym: *Kardinalität*) die Anzahl ihrer Elemente = | **M** |. Gleichmächtige endliche Mengen sind somit Mengen mit der gleichen Anzahl ihrer Elemente. Diese Mengen lassen sich *bijektiv* (Synonyme: *eineindeutig* oder *umkehrbar eindeutig*) aufeinander abbilden. Verallgemeinert heißen Mengen *gleichmächtig*, wenn eine bijektive Abbildung zwischen ihnen existiert. Mit dieser Definition wurde der Mächtigkeitsbegriff auf beliebige unendliche Mengen erweitert. Sind zwei Mengen gleichmächtig, so haben diese die gleiche *Kardinalzahl*. Cantor prägte den modernen Begriff der *Abzählbarkeit* einer Menge **M**, falls **M** die gleiche Mächtigkeit wie die natürlichen Zahlen $\mathbb{N}$ hat, wenn also gilt, dass | **M** | = | $\mathbb{N}$ |.

Es widerspricht völlig unserer Anschauung, dass z. B. die ganzen Zahlen $\mathbb{Z}$ oder die rationalen Zahlen $\mathbb{Q}$ abzählbar sind, obwohl beide Mengen echte Obermengen von $\mathbb{N}$ sind (d. h. $\mathbb{N} \subsetneq \mathbb{Z} \subsetneq \mathbb{Q}$); oder dass z. B. mehrdimensionale Gitter wie $\mathbb{N}$ x $\mathbb{N}$ sich auf $\mathbb{N}$ abbilden lassen, somit abzählbar sind. Intuitiv lässt sich nicht einsehen, dass gilt: $| \mathbb{N} | = | \mathbb{Z} | = | \mathbb{Q} | = | \mathbb{N} \times \mathbb{N} |$. Aber dieser Sachverhalt folgt aus den Definitionen und den logischen Regeln, ist somit streng logisch beweisbar.

Hinweis: Hilbert erdachte ein Gedankenexperiment (das sog. „*Hilbert Hotel*“, ein Hotel mit abzählbar unendlich vielen Zimmern und Besuchern), um das Versagen unserer Intuition bei unendlichen Mengen zu verdeutlichen. Leser, die dieses anschauliche Gedankenexperiment nicht kennen, sind eingeladen dieses nachzulesen.

Cantor bewies 1892 mit seiner berühmt gewordenen Methode der *Diagonalisierung*,[8] dass die reellen Zahlen $\mathbb{R}$ überabzählbar unendlich sind, somit eine höhere Stufe an Unendlichkeit haben als $\mathbb{N}$, d. h. $| \mathbb{N} | < | \mathbb{R} |$.

8 Auch Gödel verwendete die *Diagonalisierungsmethode* in seiner Abhandlung 1930/31.

Zu dieser Zeit entstand das mathematische Problem, ob sich zwischen $\mathbb{N}$ und $\mathbb{R}$ noch eine echte *Zwischenunendlichkeit* finden lässt, d. h. ob eine Menge $\mathbb{X}$ existiert, so dass $\mathbb{N} \subsetneq \mathbb{X} \subsetneq \mathbb{R}$ und $|\mathbb{N}| < |\mathbb{X}| < |\mathbb{R}|$; und falls ja, welche Zahlenart $\mathbb{X}$ dann repräsentiert. Dieses Problem ist unter dem Namen *Kontinuumshypothese* bekannt und wurde von Hilbert als erstes ungelöstes Problem auf der Mathematiker Konferenz 1900 in Paris vorgestellt (siehe 3.2.1).

Cantor zeigte, wie man mit unendlichen Mengen (als „*transfinit*" bezeichnet) und deren Kardinalzahlen rechnen kann. Er definierte:

> Die Mengen mit endlicher Cardinalzahl heissen ‚*endliche Mengen*', alle anderen wollen wir ‚*transfinite Mengen*' und die ihnen zukommenden Cardinalzahlen ‚*transfinite Cardinalzahlen*' nennen.[9]

Cantor bewies, dass die Mächtigkeit der reellen Zahlen $\mathbb{R}$ gleich der Mächtigkeit der sog. *Potenzmenge*[10] $\wp(\mathbb{N})$ von $\mathbb{N}$ ist, d. h.

$$|\mathbb{N}| < |\mathbb{R}| = |\wp(\mathbb{N})| = 2^{\mathbb{N}}$$

Auf diese Weise schuf Cantor unendlich viele transfinite Mengen und damit *unendlich viele Unendlichkeiten* immer höherer Stufe:

$$(*) \quad \mathbb{N} \subsetneq 2^{\mathbb{N}} \subsetneq 2^{2^{\mathbb{N}}} \subsetneq 2^{2^{2^{\mathbb{N}}}} \subsetneq \ldots \text{ und } \quad |\mathbb{N}| < |2^{\mathbb{N}}| < |2^{2^{\mathbb{N}}}| < |2^{2^{2^{\mathbb{N}}}}| < \ldots$$

In moderner Fassung lautet die *Kontinuumshypothese*, die 1878 von Cantor formuliert wurde:

> *„Jede unendliche Teilmenge der reellen Zahlen besitzt die Mächtigkeit der natürlichen Zahlen oder die Mächtigkeit der reellen Zahlen."*

---

9 Cantor, 1895. Transfinite Mengenlehre. S. 492.

10 Die Potenzmenge $\wp(M)$ einer Menge M ist die Menge aller Teilmengen von M. $|\wp(M)| = 2^M$.
Beispiel: Die Potenzmenge der Menge **M = {a, b, c}** mit den drei Elementen **a**, **b** und **c** ist: $\wp(M)=\{\emptyset,\{a\},\{b\},\{c\},\{a,b\},\{a,c\},\{b,c\},\{a,b,c\}\}$. Die Menge $\wp(M)$ hat somit $2^3=8$ Elemente.
Beachte: Die *Nullmenge* ∅ (Synonym: *Leere Menge*) ist Teilmenge jeder beliebigen Menge.

In einer noch kürzeren Formulierung lautet seine [Cantors; H. M.] Hypothese so:

> „*Es gibt keine Menge M mit* | ℕ | < | M | < | ℝ |“.[11]

Die *verallgemeinerte Kontinuumshypothese* besagt, dass zwischen den Mengen der Folge (*) oben sich keine weiteren Mengen mit verschiedenen Kardinalzahlen befinden.

Auf weitere Ausführungen zur Cantorschen Kardinalzahl-/Ordinalzahltheorie kann hier verzichtet werden. Es sei aber auf Gödels Fußnote [48a]) in seinen Unvollständigkeitsbeweisen verwiesen, die einen wichtigen Zusammenhang zwischen *formalen Systemen* (hier: die Mengenlehre) und *Unvollständigkeit* konstatiert. In Kapitel 6 wird auf dieses Zitat noch einmal aus philosophischer Sicht eingegangen (s. Zitat zu Fußnote 135):

> [48a]) Der wahre Grund für die Unvollständigkeit, welche allen formalen Systemen der Mathematik anhaftet, liegt, wie im II. Teil dieser Abhandlung gezeigt werden wird, darin, daß die Bildung immer höherer Typen sich ins Transfinite fortsetzen läßt. (Vgl. D. Hilbert, Über das Unendliche, Math. Ann. 95, S. 184), während in jedem formalen System höchstens abzählbar viele vorhanden sind.[12]

2.2 Logizismus und die Principia Mathematica (PM)

Rudolf Carnap (1891–1970) beschreibt den Logizismus mit präzisen Worten:

> Der *Logizismus* wurde von Frege begründet und von Russell und Whitehead weiterentwickelt. Seine Hauptthese ist, daß die Mathematik ein Zweig der Logik ist. Diese These wurde dadurch bewiesen, daß

11 Hoffmann, 2017. Gödel'sche Unvollständigkeitssätze. S. 100.

12 Gödel, 1931. Über formal unentscheidbare Sätze. S. 191. [Der erwähnte II. Teil dieser Abhandlung war von Gödel zwar geplant, wurde aber nie geschrieben. H. M.].

> man ein System für die gesamte klassische Mathematik innerhalb eines Logikkalküls aufbaute […].[13]

Gottlob Frege kann als Begründer des *Logizismus* bezeichnet werden. In diversen Schriften und in den ‚*Grundlagen der Arithmetik*' von 1884 bezeichnete er die logischen Gegenstände als eigenständige Existenzen, mit deren Hilfe man die gesamte Arithmetik aufbauen könne.

> Demnach würde die Arithmetik nur eine weiter ausgebildete Logik, jeder arithmetische Satz ein logisches Gesetz, jedoch ein abgeleitetes sein.[14]

Russell war ein Bewunderer Freges und betrachtete ebenso die Logik als Grundbaustein der Mathematik. Er betonte, dass die Mathematik und Logik „historisch gesprochen, zwei getrennte Arbeitsgebiete" seien und ergänzte:

> Die Logik ist die Jugend der Mathematik und die Mathematik ist das Mannesalter der Logik. […] Wenn jemand noch immer die Identität von Logik und Mathematik nicht anerkennen will, so können wir ihn herausfordern: Sage uns, wo deiner Meinung nach die Logik im Verlauf der Definitionen und Deduktionen der Principia Mathematica endet und die Mathematik beginnt? Jede Antwort muß ganz willkürlich sein.[15]

Die dreibändige ‚*Principia Mathematica*' (PM) wurde 1910, 1912 und 1913 von Whitehead und Russell publiziert. Das Werk basiert methodologisch auf Frege, unterscheidet sich aber durch die zusätzliche *Typenhierarchie*[16], um logische Widersprüche wie die *Russellsche Antinomie* zu vermeiden.

13 Carnap, 1973. Grundlagen. S. 67f.

14 Frege, 1988. Grundlagen Arithmetik. §87, S. 91.

15 Russell, 2006. Mathematische Philosophie. §18, S. 217f.

16 *Mengen ersten Typs* enthalten nur einfache Elemente. *Mengen zweiten Typs* enthalten einfache Elemente und Mengen des ersten Typs. Und weiter so mit induktiver Definition.

> Along with Aristotle's Organon and Gottlob Frege's Basic Laws of Arithmetic, it remains one of the most influential books on logic ever written[17].

Gödels Unvollständigkeitssätze von 1930/31 fußen auf der *Principia Mathematica*. In einem Wissenschaftsbeitrag 1944 schrieb Gödel über Russell:

> In this field [analysis of the concepts and axioms underlying mathematical logic; H. M.] Russell had produced a great number of interesting ideas some of which are presented most clearly (or are contained only) in his earlier writings.[18]

In demselben Beitrag kritisierte Gödel die **PM** für die unklare Trennung zwischen Syntax und Semantik und sieht sogar einen Rückschritt gegenüber Frege:

> It is to be regretted that this first comprehensive and thorough-going presentation of a mathematical logic and the derivation of mathematics from it so greatly lacking in formal precision in the foundations […] that it presents in this respect a considerable step backwards as compared with Frege. What is missing, above all, is a precise statement of the syntax of the formalism. Syntactical considerations are omitted even in cases where they are necessary for the cogency of the proofs, […].[19]

Russell akzeptierte die Kritik und antwortete:

> As it is now about eighteen years since I last worked on mathematical logic, it would have taken me a long time to form a critical estimate of Dr. Gödel's opinions. His great ability, as shown in his previous work, makes me think it highly probable that many of his criticisms of me are justified. The writing of *Principia Mathematica* was completed thirty-

17 Linsky & Andrew, 2022. PM, Stanford Encyclopedia. 1. Overview.

18 Gödel, 1944. Russell's mathematical logic. S. 120. In:Collected Works II. 1938–1974.

19 Ebd.

three years ago, and obviously, in view of subsequent advances in the subject, it needs amending in various ways.[20]

Hinweis: Der Rest von Abschnitt 2.2 kann ggf. übersprungen werden. Es wird verdeutlicht, wie mathematische Begriffe über die Mengenlehre definierbar sind.

In der **PM** werden die natürlichen Zahlen ℕ, die Addition und Multiplikation etc. mengentheoretisch definiert. Unter Verwendung der moderneren Schreibweise nach John von Neumann (1903–1957) geschieht dies über *induktive Mengen*:

$0 \equiv \emptyset$	d. h. Null entspricht der leeren Menge
$1 \equiv \{\emptyset\}$	d. h. 1 entspricht $\emptyset \cup \{\emptyset\} = \{\emptyset\} = \{0\}$
$2 \equiv \{\emptyset, \{\emptyset\}\}$	d. h. 2 entspricht $1 \cup \{1\} = \{0\} \cup \{1\} = \{0, 1\}$
$3 \equiv \{\emptyset, \{\emptyset\}, \{\emptyset, \{\emptyset\}\}\}$	d. h. 3 entspricht $\{0, 1, 2\}$ etc.
…	und weiter induktiv…
$(n+1) \equiv n \cup \{n\}$	d. h. $(n+1) = \{0, 1, 2, \ldots n\} \cup \{n\}$

Natürliche Zahlen werden somit in Mengen übersetzt, diese wiederum als *Prädikate* interpretiert, wodurch die Zahlentheorie als Gebiet der Prädikatenlogik angesehen werden kann. Z. B. kann die leere Menge ∅ (alternativ die Zahl **0**) rein logisch definiert werden mittels eines *Nullmengen Axioms*: $\exists y \forall x \neg (x \in y)$; [In Worten: „es gibt eine Menge **y** ∈ **M**, die keine Elemente enthält"].

Hilbert und sein Mitarbeiter Wilhelm Ackermann (1896–1962) formulierten diesen Sachverhalt 1928 folgendermaßen:

> Die Zahlen erscheinen hiernach als Eigenschaften von Prädikaten, und für unseren Kalkül stellt sich *eine bestimmte Zahl als individuelle Prädikatenfunktion dar*. Die Wichtigkeit dieser Darstellung der Zahlen

20 Gödel, 1938–1974. Collected Works II. S. 102. Introductory note to 1944 by C. Parsons.

beruht darauf, daß die Prädikatenfunktionen, welche die Zahlen bilden, sich vollständig mit Hilfe der logischen Symbole ausdrücken lassen. Dadurch wird es möglich, die Zahlenlehre in die Logik einzubeziehen.[21]

Die Möglichkeit erforscht zu haben, ob und inwieweit die Arithmetik der natürlichen Zahlen vollständig auf Mengen und logische Zeichen reduzierbar ist, stellt das große Verdienst des Logizismus dar. Es lässt sich erahnen, welche Probleme zu überwinden waren, um elementarste Formeln wie **1 + 1 = 2** abzuleiten:

> The reader can now appreciate the notorious fact that 1 + 1 = 2, the most elementary truth of arithmetic, is not proved until page 83 of Volume II of Principia Mathematica, and even then, almost as an afterthought [...].[22]

2.3 Intuitionismus und das *Tertium non datur*

Luitzen Brouwer (1861–1966) und Arend Heyting (1898–1980) zählen zu den bedeutendsten Vertretern des mathematischen Intuitionismus; weitere wichtige Mathematiker dieser Richtung waren Leopold Kronecker (1823–1891), Henri Poincaré (1854–1912), Hermann Weyl (1885–1955).

Philosophisch steht der *Brouwersche Intuitionismus* der Auffassung Kants nahe, wonach Raum und Zeit keine empirischen Begriffe, sondern notwendige Vorstellungen a priori sind. Zahlen werden nach Kant über die Anschauungsform der Zeit erzeugt. Der Brouwersche Intuitionismus wird somit durch folgende philosophische Sichtweise motiviert:

> Nach Brouwer ist die „freie, mathematische" Denktätigkeit in der reinen Anschauung (Intuition) der Zeit begründet. Nicht nur die mathematischen Erkenntnisse selbst, sondern auch die Objekte der Mathema-

21 Hilbert, 2013. Lectures. S. 884. Grundzüge der theoretischen Logik. 1. Auflage 1928.

22 Linsky & Andrew, 2022. PM, Stanford Encyclopedia. 5.2 Part III: Cardinal Arithmetic.

> tik sollen geistig erzeugt sein. So schreibt der Brouwersche Intuitionist nach Heyting den ganzen Zahlen keine Existenz unabhängig von unserem Denken zu und konsequenterweise auch keine Eigenschaften, die nicht durch das Denken erkennbar wären.[23]

Die im Zitat genannte „*Existenz*" mathematischer Objekte wurde im Grundlagenstreit kontrovers diskutiert. Für den Intuitionisten *existiert* ein mathematisches Objekt bzw. ein Theorem erst dann, wenn es geistig in endlichen Schritten im Denkprozess *konstruiert* wurde und die Herstellungsregeln klar erkennbar sind. So lehnt der Intuitionist es ab, unendliche Zahlen (wie z. B. die Primzahlen oder die natürlichen Zahlen $\mathbb{N}$) als fertig abgeschlossene, unendliche Gesamtheit anzuerkennen, da diese Zahlen nur in einem sukzessiven, endlichen Prozess im Modus der Möglichkeit aufbaubar mithin *potentiell unendlich* sind. Der klassische Mathematiker hingegen betrachtet diese Mengen als *aktual unendlich*, d. h. als vollständig und gegeben vorliegend.

Die Unterscheidung *aktual* vs. *potentiell unendlich* stammt von Aristoteles[24], seine Analyse beeinflusste schon Georg Cantors Mengenlehre. Auch für Aristoteles war das Unendliche nur im Modus der Möglichkeit, also *potentiell* vorstellbar („*Infinitum actu non datur*" – es gibt kein aktual Unendliches).

In seinen ‚*Unvollständigkeitsbeweisen*' geht Gödel explizit auf den intuitionistischen Existenzbegriff ein, er möchte die Intuitionisten von der Beweisqualität seiner logischen Schlüsse überzeugen:

> Man kann sich leicht überzeugen, daß der eben geführte Beweis konstruktiv ist[45a)] d. h. es ist intuitionistisch einwandfrei folgendes bewiesen: […].
> [Gödels Fußnote[45a)] ist unten zitiert. „Satz V" siehe Abschnitt 5.1.3. H. M.:]

23 Tapp, 2013. Grenzen des Endlichen. S. 104.

24 Aristoteles, 1995. II 6, 206a14ff., III 6, 206a21ff. und III 6, 207a25.

> [43a)] Denn alle im Beweise vorkommenden Existentialbehauptungen beruhen auf Satz V, der, wie leicht zu sehen, intuitionistisch einwandfrei ist.[25]

Es ist schwierig, den Intuitionismus allgemeingültig zu charakterisieren und allen intuitionistischen Anhängern gerecht zu werden. Ihre mathematik-philosophischen Positionen waren überwiegend heterogen. Verallgemeinernd lässt sich aber feststellen, dass der uneingeschränkte logische Schluss ‚*Tertium non datur*' (‚*Satz vom ausgeschlossenen Dritten*') vom Intuitionismus nicht akzeptiert wurde, da dadurch die Existenz metaphysischer Objekte bewiesen werden können, ohne diese zu konstruieren. In der Quantorenlogik betrifft das z. B. den Schluss: ‚$\neg\forall x\, \phi(x)$ folgt $\exists x\, \neg\phi(x)$'. [In Worten: „wenn nicht alle **x** die Eigenschaft ϕ haben, dann gibt es ein **x** das ϕ nicht erfüllt"]. Dieser Existenzbeweis gilt für den klassischen Mathematiker, nicht aber für den intuitionistischen.

Wahrheit wird vom Intuitionisten durch *Konstruierbarkeit* und *Beweisbarkeit* durch *Rechtfertigung* der Konstruktion ersetzt.

> An die Stelle des Begriffs der Richtigkeit oder Falschheit einer Aussage tritt der Begriff der *Konstruktion* einer Aussage. Wir sagen, eine Aussage ist konstruiert, wenn sie durch intuitionistisch richtige Überlegungen bewiesen werden kann.[26]

Für den klassischen Mathematiker ist das ‚*Tertium non datur*' eine Tautologie: die Formel $(A \vee \neg A)$ ist entweder ein Axiom oder ein beweisbares Theorem. Der klassische Mathematiker kann somit hypothetisch die Existenz eines mathematischen Objekts A annehmen und im Verwerfungsfall von **A** mit einem Widerspruchsbeweis[27] argumentieren, dass $\neg A$ existiert. Für den Intuitionisten ist das metaphysischer „*Platonismus*", wenn die Existenz von $\neg A$ nicht konstruiert wurde. Auch die *doppelte Verneinung* $(\neg\neg A \rightarrow A)$ und alle damit verbundenen logischen Schlussformen werden abgelehnt. Vereinfacht gesagt

25 Gödel, 1931. Über formal unentscheidbare Sätze. S. 189.

26 Hilbert & Ackermann, 1967. Grundzüge der theoretischen Logik. 5. Auflage S. 31.

27 Die ‚*reductio ad absurdum*' beruht auf dem ‚*Tertium non datur*'.

akzeptieren die klassischen Mathematiker die Beweise der Intuitionisten, während dies umgekehrt i. d. R. nicht zutrifft.

Klassische Mathematiker (und zuweilen auch Hilbert) sahen in den Intuitionisten mathematische Rigoristen oder Puristen, die den mathematischen Denk- und Arbeitsprozess einschränken wollten.

> Wollte man auf alle logischen Prinzipien verzichten, die der Intuitionismus verwirft, so würde das Gebäude der klassischen Mathematik vollkommen zusammenbrechen; [...]. Die hilbertsche *Beweistheorie* oder *Metamathematik* sollte aus dieser Schwierigkeit herausführen.[28]

Für Hilbert war es undenkbar, auf klassische Beweismethoden wie auf den *Satz vom ausgeschlossenen Dritten* zu verzichten, und er bezeichnet dies wiederholt als „*Terror der unnötigen Verbote*“[29].

2.4 Formalismus und die Peano Axiome (PA)

Tapp charakterisiert den Formalismus folgendermaßen:

> Der Formalismus als Philosophie der Mathematik ist die Auffassung, daß das „Wesen“ der Mathematik in der Manipulation von Formeln besteht, denen keine unmittelbare inhaltliche Bedeutung zukommt. Der Formalismus steht im Allgemeinen in gewisser Nähe zu nominalistischen Positionen, denn auch er behauptet die Nicht-Referenz bestimmter syntaktischer Objekte.[30]

Allerdings ist die strikte Zuordnung Hilberts als reinen Formalisten oder Nominalisten unzutreffend, wie unten diskutiert wird, und wie auch Tapp zugesteht.

28 Stegmüller, 1976. Gegenwartsphilosophie I. S. 443.

29 Hilbert, 1922. Neubegründung. S. 174. Ähnlich in Hilbert 1923. Logische Grundl. S. 152f.

30 Tapp, 2013. Grenzen des Endlichen. S. 116.

Der Formalismus ist mit dem Namen ‚*David Hilbert*' untrennbar verknüpft. Da in den Abschnitten 3.3 und 4.2 speziell auf die Entwicklung des Hilbert Programms eingegangen wird, skizziert dieser Abschnitt den Formalismus in genereller Form. Der bedeutungs- und widerspruchsfreie axiomatische Aufbau mathematischer Kalküle spielt für die Formalisten eine zentrale Rolle. Bedeutungen werden in die *Metamathematik* verschoben. Dies wird am Beispiel der *Peano Axiomatik* demonstriert (s. unten in diesem Abschnitt).

Der frühe Formalismus glaubte an die Abgeschlossenheit einzelner mathematischer Kalküle, letztlich an die Möglichkeit einer formalen, in sich abgeschlossenen mathematischen Sprache, die *widerspruchsfrei* und bezüglich ihres Anwendungsbereichs *vollständig* und *korrekt* zu beschreiben und zu analysieren erlaubt.[31] Bis 1931 erzielte dieser streng auf das Hilbert Programm ausgerichtete Formalismus große Anfangserfolge. Eine Annäherung an die Vision von Leibniz schien möglich zu werden, eine universelle, rein formale, symbolische Sprache für weite Bereiche der menschlichen Erkenntnis zu erschaffen.[32] Formale Beweisbarkeit und inhaltliche Wahrheit sollten eine Äquivalenz ermöglichen, anders ausgedrückt: ist etwas *inhaltlich wahr*, dann auch *formal beweisbar* (und umgekehrt). Dieses Forschungsziel wurde durch Gödel zerschlagen.

Eine rein formale, symbolische Sprache musste zunächst für die natürlichen Zahlen gefunden werden. Die bis heute verwendete Standard-Axiomatisierung der natürlichen Zahlen $\mathbb{N}$ (+, •) mit den Grundrechnungsarten *plus* (+) und *mal* (•) stammt von Giuseppe Peano (1858–1932) in einer Erstformulierung von 1889. Diese wurde später mehrfach modifiziert. Kurt Gödel verwendete die *Peano Axiomatisierung* (**PA**) zusammen mit der *Principia Mathematica* (**PM**) in seinem formalen System (**P**) für den Beweis der Unvollständigkeitssätze (Kapitel 5).

Peanos Erfolg war, dass er das Wesen der natürlichen Zahlen $\mathbb{N}$ über mathematische Axiome und nicht über logische Grundannahmen definierte (wie dies die Logizisten Frege, Russell und Whitehead versuchten).

Die fünf Peano Axiome in formaler, syntaktischer Fassung lauten:

31 Die Begriffe „*widerspruchsfrei*", „*vollständig*" und „*korrekt*" werden in 4.3 näher erläutert.

32 Leibniz' *Characteristica universalis* mit seinem logischen Regelwerk *Calculus ratiocinator.*

1. $0 \in \mathbb{N}$
2. $\forall x \; x \in \mathbb{N} \rightarrow s(x) \in \mathbb{N}$
3. $\forall x \; x \in \mathbb{N} \rightarrow s(x) \neq 0$
4. $x,y \in \mathbb{N} \;\; s(x)=s(y) \rightarrow (x=y)$
5. $[\varphi(0) \rightarrow \{\forall x \; \varphi(x) \rightarrow \varphi(s(x))\}] \rightarrow \forall x \in N \; \varphi(x)$

Die fünf Peano Axiome in umgangssprachlicher Interpretation lauten:

1. **0** ist eine natürliche Zahl.
2. Jede natürliche Zahl x hat einen natürlichen Nachfolger $s(x)$.
3. **0** ist kein Nachfolger irgendeiner natürlichen Zahl.
4. Verschiedene Zahlen haben verschiedene Nachfolger.
5. Hat **0** eine Eigenschaft φ und folgt aus $\varphi(x)$, dass auch der Nachfolger $\varphi(s(x))$ diese Eigenschaft hat, dann haben alle natürlichen Zahlen die Eigenschaft φ (Axiom der *vollständigen Induktion*).

Es sei noch angemerkt, dass Hoffmann[33] die 5 Axiome graphisch als lineare, unendliche, unverzweigte *Kettenstruktur* **0-1-2-3-4-…-n** mit Anfangspunkt **0** darstellt und dadurch graphisch veranschaulicht, dass tatsächlich alle 5 Axiome für eine sukzessive, lineare Abfolge (wie für ℕ bekannt) benötigt werden.

Friedrich Waismann (1896–1959) unterstrich die *Bedeutungsfreiheit der Peano Axiome*, die ursprünglich von Peano als bedeutungstragende, wahre Aussagen über ℕ konzipiert wurden:

> Peano hatte angenommen, daß wir die Bedeutung der Worte „Null", „Zahl", „Nachfolger" bereits kennen und daß die Axiome den Ausspruch einer Wahrheit bilden. Der Formalist teilt diese Ansicht nicht: für ihn sind die Axiome bedeutungslose Verknüpfungen von Zeichen, deren Struktur ihn allein interessiert.[34]

33 Hoffmann, 2017. Gödel'sche Unvollständigkeitssätze. S. 60ff.

34 Waismann, 1970. Mathematisches Denken. S. 98.

Waismann verdeutlichte die Kettenstruktur der Peano Axiome für diverse lineare Progressionen wie folgt: Interpretiert man in den Axiomen die „**0**" als Startpunkt, „**Zahl** x " als Element einer Kettenstruktur und „s" als Nachfolger in einer Kettenstruktur, dann definieren die Peano Axiome eine Progression in einer linearen, unverzweigten, unendlichen Kette mit Startpunk.

Als Beispiel diene die Folge **1, ½, ¼, ⅛,** $^1/_{16}$, ... Hier kann „*0*" als „**1**" (Startpunkt), „**Zahl** x" als „Element der speziellen Zahlenfolge" und „***Nachfolger s***" als „*die Hälfte von*" interpretiert werden.[35]

Syntaktisch modellieren die Peano Axiome somit anschaulich die formalen Eigenschaften aller möglichen linearen, unverzweigten, unendlichen „Ketten" mit Startpunkt, von denen die natürlichen Zahlen ℕ nur eine spezielle Interpretation darstellen.

35 Vgl. Waismann, 1970. Mathematisches Denken. S. 98.

3 David Hilberts Formalismus Programm um 1900

David Hilbert war optimistisch, dass die Grundlagenkrise zu überwinden und die Mathematik streng axiomatisch-formalistisch zu begründen sei. Wichtige Publikationen und Vorträge entstanden hierzu zwischen 1899 und 1905. Hilberts Bestreben war, widerspruchsfreie Axiomensysteme für mathematische Gebiete aufzustellen, die später in einer konsistenten Gesamt-Mathematik aufgehen sollten. Klassisch-logische Schlussweisen (die der Intuitionismus verbannte, wie das *Tertium non datur*) müssten der Mathematik aber weiterhin dienen. Einen ersten epochalen Erfolg erzielte Hilbert mit der sog. *Festschrift* von 1899 „*Grundlagen der Geometrie*". Ein Jahr später stellte Hilbert auf dem *Zweiten Mathematiker-Kongress* 1900 in Paris in seiner berühmt gewordenen *Jahrhundertrede* der Fachwelt eine Sammlung der bis dato 23 wichtigsten ungelösten Probleme vor. Diese beiden Meilensteine sowie die Konzeption des frühen Hilbert Programms um 1900 werden im vorliegenden Kapitel behandelt.

3.1 Hilberts Neufassung der Euklidischen Geometrie

Die *Euklidische Geometrie*, die Euklid von Alexandria (um 360 v. Chr.) mit fünf Axiomen aufgestellt hatte, wurde bis zum Beginn des 19. Jh. generell als intuitiv evident und zweifelsfrei wahr angesehen.[36] Auch die Wahrheit des 5. Axioms (das sog. *Parallelenaxiom*[37]) wurde zwar nicht bezweifelt, allerdings fragten sich Mathematiker und Philosophen seit Euklid, ob dieses Axiom notwendig sei, d. h. ob nicht die ersten vier Axiome für die geometrische Raumbeschrei-

36 Kant formulierte 1787: „*Geometrie ist eine Wissenschaft, welche die Eigenschaften des Raumes synthetisch und doch a priori bestimmt.*" Kant, 1990. KrV B40.

37 Kurzfassung des Parallelenaxioms: „Zwei Parallelen schneiden sie nie bzw. im Unendlichen".

bung alleine ausreichten. Zwischen 1820 und 1830 bewiesen die Mathematiker C. F. Gauß (1777–1855), J. Bolyai (1802–1860) und N. Lobatschewski (1792–1856) fast gleichzeitig und weitgehend unabhängig voneinander, dass das Axiomensystem nur mit allen fünf Axiomen vollständig, das Parallelenaxiom somit von den anderen vier Axiomen unabhängig ist. Aus der Unabhängigkeit folgte die Möglichkeit, das Parallelenaxiom zu modifizieren, ohne mit den Restaxiomen in Widerspruch zu geraten. Hieraus entwickelten sich die *nicht-Euklidische(n) Geometrie(n)* und wissenschaftstheoretisch die Notwendigkeit, zwischen mathematischen und physikalischen Geometrien zu unterscheiden.[38] A. Einstein (1879–1955) wird diesbezüglich zugeschrieben, dass Sätze der Mathematik, die sich auf die Wirklichkeit beziehen (z. B. Aussagen über die Geometrie des Weltalls), nicht sicher sind, und insofern sie sicher sind (z. B. alle theoretischen Sätze der mathematischen Geometrie), sie sich nicht auf die Wirklichkeit beziehen.

Als Hilbert 1899 in der *Festschrift* seine axiomatische Neufassung der Euklidischen Geometrie publizierte, schrieb er einführend:

> Die vorliegende Untersuchung ist ein neuer Versuch, für die Geometrie ein *einfaches* und *vollständiges* System von einander *unabhängiger* Axiome aufzustellen und aus denselben die wichtigsten geometrischen Sätze in der Weise abzuleiten, dass dabei die Bedeutung der verschiedenen Axiomgruppen und die Tragweite der aus den einzelnen Axiomen zu ziehenden Folgerungen möglichst klar zu Tage tritt.[39]

In diesem Zitat stellte Hilbert Ziel und Methodik seiner Neubegründung der *Grundlagen der Geometrie* vor: Die Axiome sollten 1. *einfach* und *vollständig* die Geometrie beschreiben, 2. voneinander *unabhängig* sein und 3. die *Bedeutung* sollte sich aus der Struktur der logischen Verknüpfung der verschiedenen Axiome ergeben. Von besonderer Wichtigkeit war für Hilbert 4. die *Widerspruchsfreiheit* (synonym *Konsistenz*; Hilbert verwendete in den frühen Jahren

38 „Die mathematische Geometrie ist a priori. Die physikalische Geometrie ist synthetisch. Keine Geometrie ist beides". Carnap, 1974. Philosophie Naturwissenschaften. S. 182.

39 Hilbert, 1899. Festschrift. S. 3. In Volkert, 2015. Grundlagen Geometrie. S. 79.

meistens „*Widerspruchslosigkeit*") der Axiome. Mit diesen vier Forderungen ist in Kurzform das Hilbert Programm um 1900 bereits charakterisiert.

Hilbert definierte streng formal Grundobjekte, die er „*Punkte*", „*Geraden*" und „*Ebenen*" nannte, ebenso Relationen wie „*liegen*", „*parallel*", „*kongruent*". Diese Entitäten sind allerdings *bedeutungsfrei* über Axiome definiert, d. h. die Axiome und deduzierten Theoreme sind im *formalen System* jeglicher Anschauung entkleidet.

> Wir denken die Punkte, Geraden, Ebenen in gewissen gegenseitigen Beziehungen und bezeichnen diese Beziehungen durch Worte wie „liegen", „zwischen", „parallel", „congruent", „stetig"; die genaue und vollständige Beschreibung dieser Beziehungen erfolgt durch die *Axiome der Geometrie*.[40]

Dass die verwendeten Objekte rein formal und von ihrer herkömmlichen Bedeutung enthoben sind, betont Tapp:

> Von hier aus erklärt sich auch Hilberts gleichermaßen berühmtes wie beim ersten Hören irritierendes Diktum, daß es möglich sein müsse, statt „Punkte", „Geraden", „Ebenen" immer „Tische", „Stühle", „Bierseidel" zu sagen.[41]

Hilbert betonte die *Unabhängigkeit* der einzelnen Axiome voneinander (einschließlich des fraglichen Parallelenaxioms):

> In der That zeigt sich , dass keines der Axiome durch logische Schlüsse aus den übrigen abgeleitet werden kann.[42]

Dann demonstrierte er, dass sein *formales System* die von Descartes entwickelte analytische, cartesianische Geometrie erfüllt und konstatierte:

40 Ebd. S. 4. In Volkert, 2015. Grundlagen Geometrie. S. 80.

41 Tapp, 2013. Grenzen des Endlichen. S. 55.

42 Hilbert, 1899. Festschrift. S. 21. In Volkert, 2015. Grundlagen Geometrie. S. 97.

> Der weitere Aufbau der Geometrie kann von nun an nach den Methoden geschehen, die man in der analytischen Geometrie gemeinhin anwendet.[43]

Hilbert zeigte somit, dass den inhaltsleeren Objekten des Axiomensystems reelle Raumkoordinaten $(x,y,z) \in \mathbb{R}^3$ zugeordnet sind, und dass

> [...] jede Gerade in einer Ebene durch eine lineare Gleichung in den Coordinaten x, y dargestellt wird und umgekehrt jede solche lineare Gleichung eine Gerade darstellt, wenn die Coefficienten derselben in der betreffenden Geometrie vorkommende Strecken sind. Die entsprechenden Resultate beweist man ebenso leicht in der räumlichen Geometrie.[44]

In Zeiten der Entstehung der Relativitätstheorie ist es interessant, dass Hilbert seine Ergebnisse auch auf *höher dimensionale* Räume erweitern konnte:

> Die gefundenen Resultate setzen uns auch in den Stand zu erkennen, dass jede räumliche Geometrie, in der die Axiome [...] sämtlich erfüllt sind, sich stets als ein Teil einer „Geometrie von beliebig vielen Dimensionen" auffassen lässt; dabei ist unter einer Geometrie von beliebig vielen Dimensionen eine Gesamtheit von Punkten, Geraden, Ebenen und noch weiteren linearen Elementen zu verstehen, für welche die entsprechenden Axiome der Verknüpfung und Anordnung sowie das Parallelenaxiom erfüllt sind.[45]

Das obige Zitat liefert einen Hinweis dafür, was Hilbert um 1900 unter *Vollständigkeit des Axiomensystems* verstand (ohne diesen Begriff zu definieren). Die Terminologie ist in der Hilbertschen Frühperiode noch nicht klar entwickelt. Hilbert begründete implizit die *Vollständigkeit des Axiomensystems* damit, dass

43 Ebd. S. 38. In Volkert, 2015. Grundlagen Geometrie. S. 114.

44 Ebd.

45 Ebd. S. 70f. In Volkert, 2015. Grundlagen Geometrie. S. 146f.

alle räumlichen Verhältnisse modelliert werden können, ohne dass weitere Axiome hinzugefügt werden müssten (mehr hierzu in Abschnitt 3.3).

Die Konsistenz des formalen Systems der Geometrie bewies Hilbert als *relativen Widerspruchsfreiheitsbeweis*, d.h. das System ist nur dann widerspruchsfrei, wenn sie auch für die reelle Zahlentheorie gilt. In Hilberts Worten:

> Wir schließen hieraus, dass jeder Widerspruch in den Folgerungen aus unseren Axiomen auch in der Arithmetik [...] erkennbar sein müsste.[46]

Das formale System der *nicht-Euklidische(n) Geometrie(n)* ergibt sich aus geeigneten Modifikationen des Parallelenaxioms unter Wahrung der Unabhängigkeit der Restaxiome. Damit sind die nicht-Euklidische(n) Geometrie(n) genau dann widerspruchsfrei, wenn es auch die Euklidische Geometrie ist. Diese wiederum ist nur dann konsistent, wenn die Widerspruchsfreiheit der Arithmetik der reellen Zahlen demonstriert ist. Mit einem *absoluten Widerspruchsfreiheitsbeweis* der Arithmetik wäre dann auch die absolute Widerspruchsfreiheit der Euklidischen und nicht-Euklidische(n) Geometrie(n) bewiesen.

In moderner, wissenschaftslogischer Fachsprache formuliert dient die analytische Geometrie des $\mathbb{R}^3$ als *Modell* für das *formale System* der Geometrien. Man kann Hilbert deshalb als einen der Pioniere der heutigen *Modelltheorie* bezeichnen. Das folgende Zitat von Tapp fasst diese Ergebnisse zusammen:

> Wenn die euklidische Geometrie widerspruchsfrei ist, also ein Modell besitzt, so gibt es in diesem Modell auch Modelle nichteuklidischer Geometrien, also sind diese Geometrien ebenfalls widerspruchsfrei. Damit wird die Widerspruchsfreiheit der nichteuklidischen Geometrien auf die Widerspruchsfreiheit der euklidischen Geometrie zurückgeführt.

46 Ebd. S. 21. In Volkert, 2015. Grundlagen Geometrie S. 97.

Hilberts Reduktion der nichteuklidischen Geometrien auf die euklidische verläuft von der logischen Struktur her ganz ähnlich zu der Zurückführung der euklidischen Geometrie auf die Arithmetik.[47]

3.2 Hilberts Proklamation ungelöster Probleme in Paris

Auf dem *Zweiten Internationalen Mathematiker-Kongress* 1900 in Paris zählte Hilbert dreiundzwanzig Probleme auf, welche für die weitere mathematische Forschung von grundlegender Bedeutung waren (und einige sind bis heute ungelöst). In seinem Vortrag verbreitete Hilbert einen packenden Optimismus, dass letztlich alle Probleme der mathematischen Wissenschaft gelöst werden könnten.

> Diese Ueberzeugung von der Lösbarkeit eines jeden mathematischen Problems ist uns ein kräftiger Ansporn während der Arbeit; wir hören in uns den steten Zuruf: *Da ist das Problem, suche die Lösung. Du kannst sie durch reines Denken finden; denn in der Mathematik giebt es kein Ignorabimus!*[48]

Im Folgenden werden drei Probleme behandelt, die in direktem Zusammenhang mit der Mengenlehre, Zahlentheorie und Arithmetik stehen und auch für Gödels Unvollständigkeitsbeweise von großer Bedeutung sind.

3.2.1 1. Problem: „Die ungelöste Kontinuumshypothese"

In Abschnitt 2.1 wurde die *Kontinuumshypothese* von Cantor vorgestellt. Diese proklamierte Hilbert als erstes ungelöstes Problem unter dem Titel „1. *Cantors Problem von der Mächtigkeit des Continuums*".

47 Tapp, 2013. Grenzen des Endlichen. S. 185.

48 Hilbert, 1900a. Mathematische Probleme, Paris. S. 262.

> Aus diesem Satz [Kontinuumshypothese; H. M.] würde zugleich folgen, daß das Continuum die nächste Mächtigkeit über die Mächtigkeit der abzählbaren Mengen hinaus bildet; der Beweis dieses Satzes würde mithin eine neue Brücke schlagen zwischen der abzählbaren Menge und dem Continuum.
>
> Es sei noch eine andere sehr merkwürdige Behauptung Cantors erwähnt, die mit dem genannten Satze in engstem Zusammenhange steht und die vielleicht den Schlüssel zum Beweise dieses Satzes liefert.[49]

Mit der *„sehr merkwürdigen Behauptung Cantors"* nahm Hilbert auf die Hypothese Bezug, dass alle transfiniten Mengen *wohlgeordnet* werden können, und dass ein Zusammenhang bestehen könnte mit einem Beweis der Kontinuumshypothese. Die *Wohlordnung* von Mengen besagt, dass jede Menge bezüglich einer Relation 1. linear geordnet werden kann und 2. ein minimales Element enthält. Zermelo bewies 1904, dass sich jede beliebige Menge wohlordnen lässt.

Beispielsweise ist $\mathbb{N}$ bezüglich der klassischen „<" (kleiner)-Relation mit **0** als kleinstem Element wohlgeordnet. $\mathbb{R}$ ist bezüglich der klassischen „<"-Relation nicht wohlgeordnet, da es kein kleinstes Element gibt. Dennoch lässt sich $\mathbb{R}$ nach Zermelo wohlordnen, wenngleich diese Relation bis heute unbekannt ist (sic!). Für einen Intuitionisten ist das abwegig: Der klassische Mathematiker beweist *„platonisch"* die *Existenz* einer Zahl oder einer mathematischen Eigenschaft, auch wenn diese möglicherweise unbekannt sind. Der Intuitionist fordert die konkrete Konstruktion in endlichen Schritten, um von *Existenz* sprechen zu können.

Das *Auswahlaxiom* und das *Wohlordnungsaxiom* verdeutlichen erneut die von Hilbert geforderte Unabhängigkeit der Axiome. Wie in 2.1 beschrieben, lässt sich das *Auswahlaxiom* **C** in **ZF** nicht beweisen und ist unabhängig von den ZF-Axiomen, wie Gödel 1938 und 1940 bewies.[50] Erweitert man die Mengenlehre mit dem Auswahlaxiom zu **ZFC** (das ist die heute übliche Axiomatisierung der Mengenlehre), dann lässt sich der Wohlordnungssatz beweisen.

---

49 Ebd. S. 263.

50 Gödel, 1938–1974. Collected Works II. Consistency of axiom of choice and generalized continuum hypothesis. S. 26ff u. S. 33ff [Gödels Beweise 1938 und 1940; H. M.].

Der Wohlordnungssatz und das Auswahlaxiom sind logisch äquivalent. (Das Thema wird in Abschnitt 3.3 erneut aufgegriffen.)

3.2.2 2. Problem: „Widerspruchsfreiheit der arithmetischen Axiome"

Das zweite und zugleich wichtigste Problem nannte Hilbert „*2. Die Widerspruchslosigkeit der arithmetischen Axiome*". Die „*Widerspruchslosigkeit*" (moderner Sprachgebrauch: *Widerspruchsfreiheit* oder *Konsistenz*) wurde von Hilbert in Paris wie folgt definiert:

> Vor Allem aber möchte ich unter den zahlreichen Fragen, welche hinsichtlich der Axiome gestellt werden können, dies als das wichtigste Problem bezeichnen, *zu beweisen, daß dieselben untereinander widerspruchslos sind, d. h. daß man auf Grund derselben mittelst einer endlichen Anzahl von logischen Schlüssen niemals zu Resultaten gelangen kann, die miteinander in Widerspruch stehen.*[51]

Hilbert erinnerte daran, dass der Nachweis der Konsistenz der Geometrie nur unter der Annahme der Widerspruchsfreiheit der Arithmetik gelingen konnte.

> Zum Nachweise für die Widerspruchslosigkeit der arithmetischen Axiome bedarf es dagegen eines direkten Weges.[52]

Er forderte somit für die Arithmetik einen direkten (absoluten) Konsistenzbeweis „mittels einer endlichen Anzahl von logischen Schlüssen" (später schärfer definiert unter dem Begriff *finitistische Beweistheorie*).

Hilbert hatte mit den *Grundlagen der Geometrie* gezeigt, dass eine Trennung zwischen *formalem System* (Objektsprache) und der *Metasprache* (einem *Sprechen* über Objekte) möglich ist. Die anschauliche, *metasprachliche Interpretation* seiner mathematischen Objekte (wie *Punkt*, *Gerade*, *Ebene*, *liegen*,

51 Hilbert, 1900a . Mathematische Probleme, Paris. S. 264.

52 Ebd. S. 265.

parallel) gehört zwar zur Metaebene, aber die Eigenschaften dieser Objekte sind im formalen System nur über die Axiome und Schlussregeln bestimmt.

Hilbert unterstrich erneut die Notwendigkeit der *Unabhängigkeit* der Axiome:

> Bei näherer Betrachtung entsteht die Frage, *ob etwa gewisse Aussagen einzelner Axiome sich untereinander bedingen und ob nicht somit die Axiome noch gemeinsame Bestandteile enthalten, die man beseitigen muß, wenn man zu einem System von Axiomen gelangen will, die völlig von einander unabhängig sind.*[53]

Auf dem *Dritten Internationalen Mathematiker-Kongress* 1904 in Heidelberg[54] entstand der Vortrag „*Über die Grundlagen der Logik und der Arithmetik*". Hilbert betonte die grundsätzliche Übereinstimmung der Mathematiker bezüglich der Geometrie, aber unterstrich, dass dies in der Frage nach den *Grundlagen der Arithmetik* anders bestellt sei:

> […] hier stehen sich gegenwärtig die verschiedenen Meinungen der Forscher schroff einander gegenüber. Die Schwierigkeiten bei der Begründung der Arithmetik sind zum Teil in der Tat anders geartet als diejenigen, die bei der Begründung der Geometrie zu überwinden waren. Bei der Prüfung der Grundlagen der Geometrie konnten gewisse Schwierigkeiten, die rein arithmetischer Natur sind, beiseite gelassen werden; bei der Begründung der Arithmetik aber erscheint die Berufung auf eine andere Grunddisziplin unerlaubt.[55]

3.2.3 8. Problem: „Primzahlenprobleme"

Unter dem achten Forschungspunkt „*8. Primzahlenprobleme*" fasste Hilbert ungelöste Probleme zusammen, die auch für Gödel in seinen *Unvollständig-*

53 Ebd. S. 264.

54 Dritter Internationaler Mathematiker-Kongress in Heidelberg vom 8. bis 13. August 1904.

55 Hilbert, 1905. Grundlagen Logik und Arithmetik. S. 174.

keitsbeweisen (Kapitel 5) von Bedeutung sind. Hilbert bezog sich zuerst auf die sog. *Riemannsche Hypothese*, die Aussagen über die Verteilung der Primzahlen postuliert. Sie ist bis heute ungelöst und wegen ihrer Bedeutung sogar als Millennium Problem eingestuft. Hilbert spekulierte, ob mit einem Beweis der Riemannhypothese auch die bis heute unentschiedene *Goldbachsche Vermutung* (s. 5.1.2) zu beweisen wäre, d. h.:

> ob jede gerade Zahl als Summe zweier Primzahlen darstellbar ist, […].[56]

Bereits hier sei angemerkt, dass Gödel diese Vermutung als möglicherweise *unentscheidbar* ansah (Kapitel 5), trotz ihrer einfachen sprachlichen Beschreibung.

Ein weiteres bis heute offenes Primzahlenproblem wurde von Hilbert genannt:

> […] die bekannte Frage, ob es unendlich viele Primzahlenpaare mit der Differenz 2 giebt.[57]

d. h., ob es unendlich viele *Primzahlzwillinge* gibt, z. B. 3–5, 5–7, 11–13 etc. Auch dieses Problem ist bis heute eine offene Frage der Zahlentheorie und könnte ein *unentscheidbarer* Kandidat der Gödelschen Unvollständigkeitssätze sein.

3.3 Das Hilbert Programm um 1900 (Teil 1)

In diesem Abschnitt werden die wichtigsten Charakteristika des ‚*frühen Hilbert Programms*' um 1900 aufgeführt. (Das Thema wird im Abschnitt 4.2 erneut behandelt und gemäß der zeitlichen Weiterentwicklung ergänzt.)

56 Hilbert, 1900a. Mathematische Probleme, Paris. S. 275.

57 Ebd.

Erkenntnisoptimismus *„Es giebt kein Ignorabimus"*

Hilberts ausgeprägter Erkenntnis- und Forschungsoptimismus, es gäbe in der Mathematik keinen *„Ignorabimus"*, war der anfeuernde Motor des Hilbert Programms. Der Appell an die Mathematiker, immer danach zu streben, dass letztlich alle mathematisierbaren Forschungsfragen lösbar seien, erschien wiederholt in Hilberts Publikationen und Vorträgen und nahezu gleichlautend wie während der Programmdeklaration in Paris am 8. Aug. 1900 (s. Text zu Fußnote 48) oder in Hilberts Radiorede am 8. Sep. 1930 (s. Text zu Fußnote 104).

Formale Systeme durch bedeutungsleere Axiomatisierung

Charakteristisch für das Hilbert Programm ist die Forderung, die gesamte Mathematik und mathematisierbare Naturwissenschaft in *formale Systeme* zu übersetzen.

> [...], wo immer von erkenntnistheoretischer Seite oder in der Geometrie oder aus den Theorien der Naturwissenschaft mathematische Begriffe auftauchen, erwächst der Mathematik die Aufgabe, die diesen Begriffen zu Grunde liegenden Principien zu erforschen und dieselben durch ein einfaches und vollständiges System von Axiomen derart festzulegen, daß die Schärfe der neuen Begriffe und ihre Verwendbarkeit zur Deduktion den alten arithmetischen Begriffen in keiner Hinsicht nachsteht.[58]

Während seit Euklid und (von Ausnahmen abgesehen) noch im 19ten Jahrhundert Axiome intuitiv wahre, bedeutungstragende aber unbeweisbare Grundsätze waren, forderte Hilbert, Axiome streng formal und *bedeutungsfrei* einzuführen. Sätze im formalen System konnten demnach nicht länger als *„wahr"*, sondern nur als *„gültig beweisbar"* bezeichnet werden. (Allerdings unterschied Hilbert um 1900 oft selbst nicht immer klar zwischen syntaktischen und semantischen Attributen.)

58 Hilbert, 1900a. Mathematische Probleme, Paris. S. 258f.

Metamathematik und Beweistheorie

Hilbert überbaute die bedeutungsfreie „*Mathematik im engeren Sinne*" mit der *Metamathematik*. Erst durch sie war die *Anwendbarkeit* der Mathematik garantiert, indem den formalen Objekten eine Bedeutung zugemessen wurde.

Hilbert bezeichnete die Metamathematik auch als „*Mathematik im weiteren Sinne*" und als *Beweistheorie*; denn Beweise und Beweisbarkeitseigenschaften machen Aussagen über das formale System. Hilbert forderte in der Beweistheorie mit nur endlich vielen Schlüssen auszukommen:

> [...] daß es gelingt, die Richtigkeit der Antwort durch eine endliche Anzahl von Schlüssen darzuthun und zwar auf Grund einer endlichen Anzahl von Voraussetzungen, welche in der Problemstellung liegen und die jedesmal genau zu formuliren sind. Diese Forderung der logischen Deduktion mittelst einer endlichen Anzahl von Schlüssen ist nichts anderes als die Forderung der Strenge in der Beweisführung.[59]

Diese *finitistische* Anforderung (die allerdings erst um 1922 so bezeichnet und erweitert wurde) begründete Hilbert mit einem allgemeinen philosophischen Bedürfnis unseres endlichen Verstandes – eine Einsicht, die Hilbert vom Intuitionismus übernahm.

Die *Metamathematik* ist zwar von der formalisierten *Mathematik im engeren Sinn* zu unterscheiden, benutzt aber ebenfalls mathematisch-logische Schlussmethoden, weshalb es gerechtfertigt ist, sie zur Mathematik zu zählen. Hilbert thematisierte aber die *Mathematisierung der Metamathematik* zu dieser Zeit noch nicht.

Widerspruchsfreiheit der Axiomensysteme

Wichtigstes Anliegen Hilberts war es, dass Axiome untereinander *widerspruchsfrei* sind. Aus den Axiomen und den logischen Schlussregeln durfte keine Formel sowohl gültig als auch ungültig deduzierbar sein. Ein nichtkonsistentes formales System würde kollabieren, denn dann wäre jede beliebige Formel beweisbar (siehe *Theorem von Duns Scotus* in Abschnitt 4.4).

59 Ebd. S. 257.

Der Konsistenzbeweis in den *Grundlagen der Geometrie* wurde nur relativ zu dem arithmetischen Modell $\mathbb{R}^3$ (d. h. *semantisch*) geführt; Hilbert musste somit einen *syntaktischen Konsistenzbeweis* für die Arithmetik anstreben (wie in 3.2.2 gefordert).

Es ist philosophisch interessant, dass Hilbert den *mathematischen Existenzbegriff* über die Widerspruchsfreiheit definierte. Sein Argument war: könnte man die Axiome der reellen Zahlen als widerspruchsfrei beweisen, dann wäre auch die Existenz der reellen Zahlen (als „*Inbegriff*") gesichert, und damit der Begriff der *aktualen Unendlichkeit* des Kontinuums gerechtfertigt.

> Wenn man einem Begriffe Merkmale erteilt, die einander widersprechen, so sage ich: der Begriff existirt mathematisch nicht. [...] In dem vorliegenden Falle, wo es sich um die Axiome der reellen Zahlen in der Arithmetik handelt, ist der Nachweis für die Widerspruchslosigkeit der Axiome zugleich der Beweis für die mathematische Existenz des Inbegriffs der reellen Zahlen oder des Continuums. In der That, wenn der Nachweis für die Widerspruchslosigkeit der Axiome völlig gelungen sein wird, so verlieren die Bedenken, welche bisweilen gegen die Existenz des Inbegriffs der reellen Zahlen gemacht worden sind, jede Berechtigung.[60]

Vollständigkeit der Axiomensysteme

Die *Vollständigkeit* schien für Hilbert eine selbstverständliche Forderung dafür zu sein, dass die Mathematik ein Gebiet erschöpfend beschreibt. So begründete Hilbert die *Vollständigkeit des Axiomensystems* der Euklidischen Geometrie mit der Berechenbarkeit aller räumlichen Verhältnisse und zeigte, dass hierfür die Axiome ausreichen (s. Fußnoten 44 u. 45). *Vollständigkeit* bedeutete somit, dass die Axiome der formal definierten Grundgrößen („*Punkte*", „*Geraden*", „*Ebenen*", „*liegen*", „*parallel*" etc.) keiner Erweiterung mehr bedürfen.

In der Pariser Deklaration verallgemeinerte Hilbert die Forderung nach *Vollständigkeit* für alle mathematisierbaren Wissenschaften:

---

60 Ebd. S. 265f.

> Wenn es sich darum handelt, die Grundlagen einer Wissenschaft zu untersuchen, so hat man ein System von Axiomen aufzustellen, welche eine genaue und vollständige Beschreibung der jenigen Beziehungen enthalten, die zwischen den elementaren Begriffen jener Wissenschaft stattfinden.[61]

Unabhängigkeit der Axiome untereinander

Die Bedeutung der Unabhängigkeit der Axiome untereinander wurde in 3.1 am Beispiel des *Parallelenaxioms* dargelegt. Dieses ermöglichte neben der Euklidischen auch die nicht-Euklidischen Geometrien zu modellieren. Die Bedeutung der Unabhängigkeit wurde auch in Abschnitt 3.2.1 dargelegt, denn das *Auswahlaxiom* ist unabhängig von den ZF-Axiomen und kann durch das logisch äquivalente *Wohlordnungsaxiom* ersetzt werden.

Unabhängigkeit der Axiome bedeutete nach Hilbert auch,

> „[...], dass dabei die Bedeutung der verschiedenen Axiomgruppen und die Tragweite der aus den einzelnen Axiomen zu ziehenden Folgerungen möglichst klar zu Tage tritt." [Zitat und Referenz, s. Fußnote 39; H. M.].

Es ist nicht zu bezweifeln, dass Axiome daraufhin untersucht werden müssen, ob sich einzelne Axiome aus anderen ergeben. Allerdings ist ein Fragezeichen an Hilberts Aussage *„man beseitigen muß"* (s. Text zu Fußnote 53) zu setzen. Redundante (natürlich konsistente) zusätzliche Axiome vereinfachen häufig Beweise, auch wenn diese strenggenommen überflüssig sind.

Beispiel: Siehe Gödels Anmerkung [16)] in Fußnote 111.

Einfachheit der Axiomensysteme

Dieser Begriff wurde von Hilbert [nach Auffassung des Verfassers; H. M.] immer nur informell verwendet. Die Schwierigkeit einer Definition zeigt sich bei der Äquivalenz des *Auswahlaxioms* mit dem *Wohlordnungsaxiom* (3.2.1). Beide Axiome können alternativ als Axiome für die Mengenlehre ZFC dienen.

---

61 Ebd. S. 264.

Das *Auswahlaxiom* erscheint einfach, fast trivial. Es besagt, dass man aus jeder nichtleeren Menge mindestens ein Element herausgreifen kann. Demgegenüber erscheint die Aussage, dass alle Mengen wohlzuordnen sind, sicher *nicht als einfach*, zumal noch nicht einmal für die reellen Zahlen $\mathbb{R}$ eine Wohlordnung bekannt ist. Auch wurde während vieler Jahrhunderte das Euklidische Parallelenaxiom *nicht als einfach* angesehen.

Wahrheit von Axiomen

„*Wahrheit*" ist ein Attribut in der Semantik, das den Axiomen und den daraus deduzierten Formeln über Interpretationsregeln zugeordnet wird. Spätestens seit Hilberts „*Grundlagen der Geometrie*" musste man erkennen, dass Axiome keinen gesicherten Anspruch auf Wahrheit besitzen können, obwohl die fünf Euklidischen Axiome intuitiv *wahr* und *evident* erschienen (s. Text zu Fußnote 38).

4 Erfolge des Hilbert Programms bis 1930

In diesem Kapitel wird die weitere Entwicklung des Hilbert Programms parallel mit wichtigen Erfolgen beschrieben, die sich in den 1920er Jahren einstellten und Wissenschaftlern weiteren Ansporn boten, letztlich die gesamte Mathematik gemäß dem Hilbert Programm zu begründen. Abschnitt 4.1 skizziert historische Meilensteine dieser Entwicklung. In Ergänzung zu Teil 1 (oben) wird das Hilbert Programm im Abschnitt 4.2 vervollständigt, um die Jahre nach 1905 einzubeziehen. Für die weiteren Betrachtungen der vorliegenden Abhandlung ist es folgerichtig, im Abschnitt 4.3 syntaktische und semantische Begriffe in moderner Notation darzustellen, die zwar von Hilbert so nicht verwendet wurden, jedoch die weiteren Ausführungen harmonisieren helfen. Die Abschnitte 4.3 und 4.4 schildern Errungenschaften auf dem Gebiet der Logik, zu denen insbesondere auch Gödel beitrug.

4.1 Der historische Fortschritt des Hilbert Programms

Dieser Abschnitt bietet einen historischen Streifzug hinsichtlich der Weiterentwicklung des Hilbert Programms bis 1930. In der Publikation „*Hilbert's Programs: 1917–1922*“ unterteilt Sieg den Fortschritt zwischen 1905 und 1922 in drei Perioden: Vor 1917 („Part A“), von 1917–1920 („Part B“) und von 1920–1922 („Part C“).

Sieg charakterisiert die oben genannten drei Zeitabschnitte folgendermaßen:

> […], after sketching in Part A connections to foundational investigations of the 19th century; Part B describes the strikingly novel treatment

of general logical and meta-mathematical issues, whereas Part C is devoted to the emergence of specifically proof theoretic investigations.[62]

Die Entwicklungscharakteristika des Hilbert Programms lassen sich in knapper Form wie folgt angeben:

Vor 1917 („Part A"): Wie in Kapitel 3 beschrieben, waren Hilberts Forschungsinteressen primär auf die Methodik einer bedeutungsleeren, widerspruchsfreien Axiomatisierung formaler Systeme gerichtet.

Während der Zeit zwischen 1905 und 1917 gab es von Hilbert keine Veröffentlichungen hinsichtlich „*foundation of mathematics*", aber Siegs Untersuchungen belegen Hilberts durchgehende Weiterbeschäftigung mit seinem Programm:

> In contrast to an almost universally held opinion, Hilbert continued to be concerned with the foundation of mathematics. There is no record of publications supporting this claim, but Hilbert gave a number of lecture courses on the topic between 1905 and 1917, and extensive notes of his lectures are available.[63]

1917–1920 („Part B"): Die erste Publikation, die sich seit 1905 wieder mit dem Programm beschäftigte, erschien 1918 unter dem Titel „*Axiomatisches Denken*", basierend auf einem Vortrag 1917 vor der *Schweizerischen Mathematischen Gesellschaft*.[64] Hilbert betonte hier erneut die Notwendigkeit, auf jedem (sic!) mathematisierbaren Wissensgebiet die Widerspruchsfreiheit der aufgestellten Axiomensysteme zu belegen, die als Grundbausteine jeder Theorie fungieren. Erneut forderte er, primär die Konsistenz der Zahlentheorie und der Mengenlehre zu beweisen. Zu jener Zeit vertrat Hilbert noch die logizistische Auffassung, dass Konsistenzbeweise über die *Principia Mathematica* (**PM**) zu erreichen seien, d. h. dass die Zahlen- und Mengentheorie vollständig auf

62 Sieg, 1999. Hilbert's Programs. S. 3.

63 Ebd. S. 8.

64 Vgl. Hilbert, 1918. Axiomatisches Denken. Hierzu auch Zach, 2019, Fall Edition.

Logik zu reduzieren wäre. Neben Bemühungen, die Axiomatik über die Logik zu begründen, strebte Hilbert nach einer klareren Fassung der Beweistheorie.

Sieg bemerkt „amüsiert" zu Hilberts „*semantic concepts*":

> Sometimes one finds that syntactic notions are interwoven with semantic concepts – amusing to a modern reader who is expecting a „formalist" presentation.[65]

1920–1922 („Part C"): Hilbert beschrieb die Zweiteilung in Objekt- und Metatheorie in „*Neubegründung der Mathematik*"[66] klarer als in früheren Schriften (s. Abschnitt 4.2). Er verwarf jetzt die Möglichkeit, dass die Arithmetik komplett auf Logik reduzierbar wäre.

Es folgten weitere beweistheoretische Untersuchungen, vor allem bezüglich des sog. *Finitismus* (Synonyme: *finite Mathematik, finite Beweistheorie, finite Methode*), beeinflusst durch die Intuitionisten Brouwer und Hilberts ehemaligem Schüler Hermann Weyl (1885–1955). Hilbert formulierte erstmals zwischen 1920 und 1922/23 den *Finitismus*[67], obwohl dieser implizit bereits um 1900 angelegt war (s. Text zu Fußnote 59).

1922–1930: Hilbert beschäftigte sich intensiv mit einer *finiten Beweistheorie*, die sich dem Intuitionismus zwar annäherte, aber philosophisch wie mathematisch-logisch deutliche Unterschiede zu Brouwer und Heyting aufwies. Aufschlussreich sind Hilberts philosophische Ausführungen zur *finiten Beweistheorie* und sein Verweis auf den Kantischen Vernunftbegriff:

> Man kann die Lösung des Problems der Widerspruchslosigkeit, wie sie meine Beweistheorie gibt, sich so begreiflich machen. Unser Denken ist finit; indem wir denken, geschieht ein finiter Prozess. Diese sich von selbst bestätigende Wahrheit wird in meiner Beweistheorie gewissermassen mit benutzt in der Weise, dass, wenn irgend wo sich

65 Sieg, 1999. Hilbert's Programs. S. 17.

66 Hilbert, 1922. Neubegründung. S. 174.

67 Vgl. Hilbert, 1923. Die logischen Grundlagen der Mathematik.

ein Widerspruch herausstellen würde, mit der Erkenntnis dieses Widerspruchs auch zugleich die betreffende Auswahl aus den unendlich vielen Dingen verwirklicht sein müsste. In meiner Beweistheorie wird demnach nicht behauptet, dass die Auffindung eines Gegenstandes unter den unendlich vielen Dingen stets bewirkt werden kann, wohl aber, dass man ohne Risiko eines Irrtums stets so tun kann, als wäre die Auswahl getroffen. [...].

Die Rolle, die dem Unendlichen bleibt, ist vielmehr nur die einer Idee – wenn man mit Kant unter einer Idee einen notwendigen Vernunftbegriff versteht, der alle Erfahrung übersteigt und durch den das Konkrete im Sinne der Totalität ergänzt wird.[68]

Mit dieser philosophischen Ausführung beendete Hilbert seine Vorlesung im WS 1924/25, in der er demonstrierte, dass *„transfinite Schlüsse"* (die das Unendliche tangieren) unter Einschränkung verwendet werden dürfen. Das betraf vor allem logische Schlüsse wie *doppelte Verneinung, Satz vom Widerspruch, Tertium non datur*, die vom Intuitionismus abgelehnt wurden.

Es ist historisch interessant, dass Hilbert als eines seiner letzten Publikationen 1931 einen *„Beweis des Tertium non datur"*[69] vorlegte, welchen er auf ein modifiziertes arithmetisches System bezog.

Insbesondere in den 1920er Jahren stellten sich wichtige Erfolge für das Hilbert Programm in der Aussagenlogik (4.4) und der Prädikatenlogik erster Stufe (4.5) ein. Bedeutende Publikationen, Vorträge und Vorlesungen entstanden gemeinsam mit Hilberts Mitarbeitern Ackermann und Paul Bernays (1888–1977).

68 Hilbert, 2013. Lectures. S. 755. Über das Unendliche. Vorlesung WS 1924/25.

69 Ebd. S. 985ff. Tertium non datur. Sitzung in Göttingen 17. Juli 1931.

4.2 Das gereifte Hilbert Programm (Teil 2)

Die vorliegende Zusammenfassung ergänzt den ersten Teil des Hilbert Programms (Abschnitt 3.3) mit Programmpunkten, die nach 1917 entstanden.

Erkenntnisoptimismus *„Es giebt kein Ignorabimus"*

An Hilberts ausgeprägtem Erkenntnisoptimismus und seinen häufigen Wiederholungen, dass es „kein *Ignorabimus*" gäbe, hat sich seit 1900 nichts geändert. Ein Zitat aus einem Vortragsskript vom 21. 12. 1930 ist besonders aufschlussreich, da Gödels Unvollständigkeitsbeweise bereits einen Monat zuvor zur Publikation eingereicht waren. Bemerkenswert ist, dass Hilbert die mathematische Grundlagenkrise durch sein Programm als vollständig gelöst ansah:

> Ich glaube, das, was ich wollte und versprach, durch die Beweistheorie vollständig erreicht zu haben: Die mathematische Grundlagenfrage als solche ist dadurch, wie ich glaube, endgültig aus der Welt geschafft.
>
> Den Philosophen wird es schon interessieren, daß es eine Wissenschaft wie die Mathematik überhaupt gibt. Für uns Mathematiker ist es die Aufgabe, sie wie ein Heiligtum zu hüten, damit einst alles menschliche Wissen überhaupt der gleichen Präzision und Klarheit teilhaftig wird. Daß dies kommen muss und geschehen wird, ist meine feste Überzeugung.[70]

Formulierung des Hilbert Programms

Hilbert beschrieb 1922 die Trennung der beiden mathematischen Sprachebenen klarer als in früheren Schriften:

> Erstens: Alles, was bisher die eigentliche Mathematik ausmacht, wird nunmehr streng formalisiert, so daß die *eigentliche Mathematik* oder die Mathematik in engerem Sinne zu einem Bestande an beweisbaren Formeln wird. [...].

70 Ebd. S. 982. Grundlegung der elementaren Zahlentheorie. Vortrag in Hamburg 1930.

> Zweitens: Zu dieser eigentlichen Mathematik kommt eine gewissermaßen neue Mathematik, eine *Metamathematik*, hinzu, die zur Sicherung jener dient, [...]. In dieser Metamathematik kommt – im Gegensatz zu den rein formalen Schlußweisen der eigentlichen Mathematik – das inhaltliche Schließen zur Anwendung, und zwar immer nur zum Nachweis der Widerspruchsfreiheit der Axiome.[71]

Hilbert forderte, die „*Mathematik im engeren Sinne*" und den zugeordneten Bereich der „*Metamathematik*" zu separieren.[72] Allerdings wurde zwischen Hilbert und seinem Mitstreiter Bernays kontrovers diskutiert, wie streng sich diese beiden Bereiche aufeinander beziehen sollten. Die Kommentatoren Ewald und Sieg bemerken zu Hilberts ‚*Lectures 1917–1933*':

> [...] and indeed we have repeatedly seen that Hilbert treats the distinction between syntax and semantics somewhat casually, especially in contrast to Bernays's *Habilitationsschrift*.[73]

Vollständigkeit der Axiome

Der Vollständigkeitsbegriff erfuhr ab 1917 diverse Präzisierungen. Bis 1928 wurde das Problem der Vollständigkeit von Hilbert eher informell behandelt mit verschiedenen Definitionen wie a) ‚*vollständige Beschreibung einer Theorie*' oder b) ‚*Abgeschlossenheit eines Axiomensystems*'. Diese beiden Definitionen wurden 1928 im *Fundamentalwerk der Logik* (1. Auflage) von Hilbert und Ackermann beschrieben:

> Die Vollständigkeit eines Axiomensystems läßt sich in zweierlei Weise definieren. Einmal kann man darunter verstehen, daß sich aus dem Axiomensystem alle richtigen Formeln eines gewissen, inhaltlich zu charakterisierenden Gebietes gewinnen lassen. Man kann aber auch

71 Hilbert, 1922. Neubegründung. S. 174.

72 Die moderne Modelltheorie spricht von *Syntax*, *Semantik* und vermittelnder *Interpretationsfunktion*. Diese Terminologie war allerdings in den Jahren vor 1930 noch unentwickelt. H. M.

73 Hilbert, 2013. Lectures. S. 294. Einleitung zum Logik-Kalkül. WS 1920.

den Begriff der Vollständigkeit schärfer fassen, so daß ein Axiomensystem nur dann vollständig heißt, wenn durch die Hinzufügung einer bisher nicht ableitbaren Formel zu dem System der Grundformeln stets ein Widerspruch entsteht.[74]

Die erste Definition wird heute als „*semantische Vollständigkeit*", die zweite als „*syntaktische Vollständigkeit*" bezeichnet. Eine Präzisierung dieser Vollständigkeitsbegriffe in moderner Notation erfolgt in Abschnitt 4.3.

Finitistische Beweistheorie/Finitismus

Hilbert wollte sicher gehen, dass die Beweistheorie auch von seinen wissenschaftlichen Kontrahenten akzeptiert würde. Widerspruchsbeweise sollten ausschließlich mit *finiten* Mitteln geführt werden. Hierzu präsentierte Hilbert diverse Ausführungen, aber eine streng formale Definition fehlte bis Ende der 1920er Jahre. Hilbert rang mit dem Problem, die *aktuale Unendlichkeit* mit finiten Mitteln zu rechtfertigen.

The driving aim of the original Hilbert program (H. P.) was to provide a finitary justification for the use of the „actual infinite" in mathematics.[75]

Die grundlegende finitistische Forderung war, mit endlich vielen Formelkombinationen in konstruktiver Weise zu operieren und Aussagen über unendliche Entitäten und das *aktual Unendliche* als endliche Zeichenreihen zu formulieren. Die folgende (allerdings verkürzte) Charakterisierung, was Hilbert unter „*finite Mittel*" verstand, stammt von Hoffmann:

Grob gesprochen, sind damit alle Beweismethoden gemeint, die über die zerstrittenen Lager hinweg als legitim erachtet wurden. Ausgeschlossen waren Methoden, die auf dem umkämpften Satz des aus-

74 Ebd. S. 839. Grundzüge der theoretischen Logik. 1. Auflage 1928.

75 Feferman, 1993. What rests on what? S. 148.

geschlossenen Dritten beruhten oder unendliche Ansammlungen von Objekten als etwas abgeschlossenes Ganzes betrachteten.[76]

Hoffmann versteht unter „*unendliche Ansammlungen von Objekten als etwas abgeschlossenes Ganzes*“ das *aktual Unendliche*. Hinsichtlich des *Tertium non datur* und der Existenz *aktualer Unendlichkeiten* (s. Text zu Fußnote 60) machte Hilbert nach 1905 an den Intuitionismus Zugeständnisse, die aber von ihm relativiert wurden, wie aus seinem Vortrag 1930 in Hamburg hervorgeht:

> Die bedingungslose Anwendung des Tertium non datur und der Negation können wir aber nicht entbehren, da sonst der lückenlose und einheitliche Aufbau unserer Wissenschaft unmöglich wäre. Das Operieren mit dem Unendlichen muß also durch das Endliche gesichert werden, und das geschieht eben durch meine Beweistheorie.[77]

Widerspruchsfreiheitsbeweise

Wie oben dargelegt, waren die Widerspruchsfreiheitsbeweise das wichtigste Anliegen von Hilbert. Für Konsistenzbeweise gibt es generell zwei Möglichkeiten:

1. *Über eine Rückführung auf ein Modell*, von dem man die Widerspruchsfreiheit postuliert. Dieses Verfahren wandte Hilbert 1899 auf die Geometrien an, die auf die Arithmetik rückgeführt wurden. Auch die Konsistenz der reellen oder komplexen Zahlen wurden mit den natürlichen Zahlen begründen, unter der Annahme allerdings, dass a) letztere selbst widerspruchsfrei sind und b) dass man von endlichen natürlichen Zahlen auf unendliche verallgemeinern kann. Es lässt sich somit ermessen, warum für das Hilbert Programm ein direkter Konsistenzbeweis der Zahlentheorie für die Mathematik als Ganzes so überaus wichtig gewesen wäre.

76 Hoffmann, 2017. S. 36. Gödel'sche Unvollständigkeitssätze.

77 Hilbert, 2013. S. 977. Lectures. Grundlegung Zahlentheorie. Vortrag in Hamburg 1930.

2. *Über einen direkten Widerspruchsfreiheitsbeweis.* Wie aber lässt sich ein Konsistenzbeweis für die natürlichen Zahlen direkt führen? Hier ist ein Sprung in die späteren 1930er Jahre angebracht. Obige Frage stellte Gerhard Gentzen (1909–1945) um 1936 in seiner berühmt gewordenen Publikation „*Die Widerspruchsfreiheit der reinen Zahlentheorie*". Fünf Jahre waren seit Gödels 1930/31 Publikation vergangen, dessen beweistheoretischen zweiten Unvollständigkeitssatz (Abschnitt 5.3) Gentzen mit folgenden Worten beschreibt:

> „Es ist nicht möglich, die Widerspruchsfreiheit einer formal gegebenen (abgegrenzten) Theorie, welche die reine Zahlentheorie in sich enthält (und bereits dieser selbst), mit den gesamten Hilfsmitteln der betreffenden Theorie selbst nachzuweisen (vorausgesetzt, daß diese Theorie wirklich widerspruchsfrei ist)". […]
>
> Ist dann aber überhaupt noch eine wirkliche *Zurückführung* möglich?
>
> Nun, es bleibt ja durchaus denkbar, daß man die Widerspruchsfreiheit der reinen Zahlentheorie nachweisen kann mit Hilfsmitteln, die zum Teil nicht mehr der reinen Zahlentheorie angehören, aber trotzdem als *sicherer* gelten können aIs die bedenklichen Bestandteile der reinen Zahlentheorie selbst.[78]

Ohne in technische Details eintreten zu können, erscheint dieser Zeitsprung in die Mitte der 1930er Jahre aus mehreren Gründen sinnvoll:

a) Gentzen begründete die *finiten* und *transfiniten* Beweismethoden philosophisch plausibel und mathematisch stringent.
b) Gentzen formalisierte die aristotelische Unterscheidung „*potential*" und „*aktual unendlich*", ebenso „*an-sich möglich*" und „*wirklich vorkommend*":

78 Gentzen, 1936. Widerspruchsfreiheit der Zahlentheorie. S. 500.

Man darf eine unendliche Gesamtheit nicht als eine an sich vorhandene, abgeschlossene, betrachten (aktuale Unendlichkeit), sondern nur als etwas Werdendes, das vom Endlichen her konstruktiv immer wieder aufgebaut werden kann (potentielle Unendlichkeit).[79]

c) Gentzen begründete, dass ein Konsistenzbeweis für die Zahlentheorie nur relativ über eine Auswahl an logischen Schlüssen möglich und somit ein „*absoluter Widerspruchsfreiheitsbeweis*" unmöglich ist.
d) Gentzen lieferte einen sog. *transfiniten Konsistenzbeweis* der Zahlentheorie über „*an-sich Aussagen*" denen er einen plausiblen (allerdings die Mittel der Zahlentheorie transzendierenden) Sinn beiordnen konnte.

4.3 Moderne syntaktische und semantische Definitionen

Hinweis: Abschnitt 4.3 legt die moderne terminologische Grundlage zum Verständnis der Gödelschen Unvollständigkeitssätze in Kapitel 5. Dem Leser wird empfohlen sich mit den Begriffsdefinitionen aus diesem Abschnitt vertraut zu machen.

Ein großer Fortschritt für Logik, Mathematik und Sprachphilosophie wurde erzielt als trennscharf zwischen *Gültigkeit* in der Syntax eines formalen Systems S und *Wahrheit* in der Semantik der Metasprache $\mathcal{L}$ unterschieden werden konnte und das Ineinandergreifen dieser Sprachebenen beschreibbar wurde.

Ohne detailliert auf die *Modelltheorie* eingehen zu können, die sich in moderner Form erst ab Mitte der 1930er Jahre durch Arbeiten von Alfred Tarski (1901–1983) entwickelte, werden unten modelltheoretische Begriffe wie *Vollständigkeit*, *Entscheidbarkeit* und *Beweisbarkeit* verdeutlicht. Insbesondere

79 Ebd. S. 524.

der Begriff „*Vollständigkeit*", der bei Hilbert Definitionsschwankungen und Unklarheiten aufwies, ist für die Besprechung der Gödelschen Arbeiten zu explizieren. Zu unterscheiden sind hier die *syntaktische* und die *semantische Vollständigkeit.*

$S \vdash \varphi$[80] bezeichne die *Gültigkeit* einer Formel φ in einem Kalkül S; mit anderen Worten, die *Beweisbarkeit* von φ mit den formalen Mitteln des Kalküls S.

$\mathcal{L} \models \varphi$ [81] bezeichne die *Wahrheit* einer Aussage φ in der Metasprache $\mathcal{L}$; mit anderen Worten: die semantische Interpretation von φ wird als *wahr* aufgefasst.

Beispiel: Die fünf Peano Axiome sind in Abschnitt 2.4 sowohl in formaler, syntaktischer Fassung S wie auch in ihrer semantischen Interpretation $\mathcal{L}$ dargestellt. Die Peano Axiome repräsentieren lineare Kettenstrukturen, wie die natürlichen Zahlen **1, 2, 3, 4, …** oder die Zahlenfolge **1, ½, ¼, ⅛, ¹⁄₁₆, …**

Hinter φ verbergen sich zwei sprachtheoretische Begriffe der Logik: eine *syntaktisch* gültige Formel in der formalen mathematischen Sprache S und die dazugehörige *semantisch* Interpretation in einer Metasprache $\mathcal{L}$ (die oft unsere Muttersprache ist). Idealerweise sollte (wie sich das Leibniz und Hilbert erhofften) die *semantische Wahrheit* vollständig über die *syntaktische Gültigkeit* erfassbar sein. (Anmerkung: Solange die beiden Sprachebenen S und $\mathcal{L}$ klar erkennbar sind, wird in dieser Arbeit terminologisch für die formale bzw. die interpretierte Sprache immer das gleiche φ geschrieben; auch wird S und $\mathcal{L}$ nicht immer explizit angeführt).

Ein *Beweis* (engl. *proof*) einer Formel φ in einem formalen System S ist definiert als endliche Reihe gültiger Formeln $\varphi_1, \varphi_2, \dots \varphi_i, \dots, \varphi_k$, so dass alle φ_i aus Axiomen oder aus bereits in der Reihe bewiesenen Formeln von S folgen, wobei $\varphi_k = \varphi$. Ist φ *beweisbar* in S, so schreibt man $S \vdash \varphi$, anderenfalls $S \nvdash \varphi$.

(Anmerkung: $S \nvdash \varphi$ bedeutet: Die Formel φ ist mit den formalen Mitteln des Kalküls S nicht beweisbar).

Beispiel: In einem formalen System (wie z. B. der Aussagenlogik in 4.4) seien X und (X → Y) beides gültige Aussagen, d. h. $S \vdash X$ und $S \vdash (X \rightarrow Y)$.

80 Falls die Beziehung zu S eindeutig ist, dann schreibt man einfach $\vdash \varphi$.

81 Falls die Beziehung zu $\mathcal{L}$ eindeutig ist, dann schreibt man einfach $\models \varphi$.

Dann ist gemäß dem logischen Schluss (*Modus ponens*) auch Y gültig, d.h. $S \vdash Y$. Der Beweis lässt sich als endliche Reihe gültiger Formeln darstellen.

Entscheidbarkeit: Eine Formel φ heißt *entscheidbar* (engl. *decidable*) in S, wenn entweder $S \vdash \varphi$ oder $S \vdash \neg \varphi$ gilt.

Beispiel: Abschnitt 3.2.3 schildert zwei möglicherweise in S unentscheidbare Probleme aus der Primzahltheorie. Repräsentiert die Aussage φ die *Goldbachsche Vermutung* bzw. die *Endlichkeit der Primzahlpaare*, dann könnte (wir wissen es nicht) mit Mitteln der Arithmetik sowohl $S \nvdash \varphi$ als auch $S \nvdash \neg \varphi$ gelten, d.h. φ ist *unentscheidbar*.

Die folgenden wichtigen vier Definitionen *formaler Systeme* orientieren sich (in modifizierter Form; H.M.) an Hoffmann.[82]

Eine *Modellierung* bestehend aus einem formalen, syntaktischen System S und einer interpretierten, semantischen Metasprache $\mathcal{L}$ heißt:

widerspruchsfrei (engl. *consistent*), wenn eine Formel niemals gleichzeitig mit ihrer Negation aus den Axiomen abgeleitet werden kann,

d.h. $\vdash \varphi \rightarrow \nvdash \neg \varphi$.

In einem nicht-konsistenten Kalkül S wären sowohl φ als auch $\neg\varphi$ beweisbar, ein solches System würde kollabieren. In einem widerspruchsfreien System S gilt: $\nvdash \varphi$ oder $\nvdash \neg\varphi$. Gilt beides gleichzeitig, dann ist S zusätzlich *unentscheidbar*. Ein widerspruchsfreies Kalkül kann somit auch unentscheidbar sein (wie in Kapitel 5 ausgeführt).

syntaktisch vollständig/negationsvollständig (engl. *negation complete*)[83], wenn für jede Formel φ gilt, dass $\vdash \varphi$ oder $\vdash \neg\varphi$, somit die Formel φ selbst oder deren Negation $\neg\varphi$ aus den Axiomen abgeleitet werden kann;

d.h.: $\nvdash \neg\varphi \rightarrow \vdash \varphi$.

82 Vgl. Hoffmann, 2017. Gödel'sche Unvollständigkeitssätze. S. 26ff.

83 *Syntaktisch vollständig/negationsvollständig* wird oft als *„Post-vollständig"* bezeichnet. H.M.

In einem syntaktisch vollständigen Kalkül sind alle Formeln φ entscheidbar. Die Definition der syntaktischen Vollständigkeit schließt aber nicht aus, dass sowohl $\vdash\varphi$ als auch $\vdash\neg\varphi$ deduziert werden kann, d.h. ein syntaktisch vollständiges System könnte auch nicht-konsistent sein. Dieser Sachverhalt gilt natürlich auch für syntaktisch unvollständige Kalküle.

Beispiel: Siehe hierzu die Unvollständigkeitssätze in Kapitel 5.

korrekt (engl. *sound*), wenn jede gültige Formel auch inhaltlich im Modell eine wahre Aussage ist,

d.h. $\vdash\varphi \rightarrow \vDash \varphi$.

In einem korrekten Kalkül **S** kann es somit nicht vorkommen, dass eine gültige Formel φ eine falsche inhaltliche Aussage repräsentiert, mit anderen Worten: jede gültige Formel ist wahr in $\mathcal{L}$.

Beispiel: Das Kalkül der Hilbertschen Geometrie (3.1) hat ein Model in der cartesischen Geometrie der reelle Raumkoordinaten $(x,y,z) \in \mathbb{R}^3$. Geometrische Aussagen über Punkte, Geraden, Figuren etc. werden so in arithmetische Aussagen (z.B. lineare Gleichungen) abgebildet. Vertraut man auf die Widerspruchsfreiheit der reellen Arithmetik (Problem 3.2.2), dann ist auch die Hilbertsche Geometrie widerspruchsfrei (s. Fußnote 46).

semantisch vollständig (engl. *complete*)[84], wenn jede wahre Aussage, auch innerhalb des formalen Systems gültig bewiesen werden kann,

d.h. $\vDash \varphi \rightarrow \vdash\varphi$.

Gödel beschrieb, wie dieser logische Schluss $\vDash \varphi \rightarrow \vdash \varphi$ zu formulieren ist. Siehe hierzu Fußnote 113 mit dem erklärenden Text unten.

Ein (semantisch) vollständiges Modell wird für jede wahre Aussage, die mittels der Metasprache $\mathcal{L}$ logisch formulierbar ist, auch eine gültig beweisbare

84 *Semantisch vollständig* wird häufig und vereinfachend als „*vollständig*" bezeichnet. H.M.

syntaktische Formel φ in S finden. In anderen Worten: es ist nicht möglich, dass eine wahre Aussage kein Theorem von S ist.

Beispiele: Die Aussagenlogik ist vollständig (s. 4.4). Die Arithmetik $\mathbb{N}(+,\bullet)$ ist dagegen unvollständig (s. 5.2).

Widerspruchsfreiheit und *syntaktische Vollständigkeit* betreffen ausschließlich formale Systeme, sie machen von der Interpretation und den Wahrheitswertzuweisungen keinen Gebrauch. *Korrektheit* und *Vollständigkeit* stellen dagegen einen Zusammenhang zwischen beiden Sprachebenen her.

Für Kalküle, die sowohl *syntaktisch vollständig* als auch *widerspruchsfrei* sind,

d.h. $\vdash\varphi \Leftrightarrow \nvdash\neg\varphi$.

gilt, dass für jede Formel φ immer genau eine Alternative φ oder $\neg\varphi$ beweisbar ist. Hier gilt das von Hilbert eingeforderte *Tertium non datur*. Es war sein Ziel, Axiomensysteme zu erstellen, die sowohl syntaktisch vollständig wie auch widerspruchsfrei sind. Aber die modelltheoretische Terminologie stand Hilbert vor 1930 noch nicht zur Verfügung.

Korrektheit zusammen mit *Vollständigkeit* bedeutet, dass $\vdash\varphi \Leftrightarrow \vDash\varphi$. Hier sind *Wahrheit* und *Beweisbarkeit* äquivalent, was auf die Aussagenlogik zutrifft. Für Leibniz und Hilbert war die Erstellung korrekter und vollständiger Systeme die anzustrebende ideale Vision, die aber durch die Unvollständigkeitssätze zunichte gemacht wurde.

4.4 Fortschritte in der Aussagenlogik (AL)

Hinweis: Abschnitt 4.4 kann beim ersten Lesen übersprungen bzw. „diagonal gelesen" werden. Dem Leser wird aber empfohlen, die Aussagenlogik (AL) als Beispiel für ein *vollständiges* und *korrektes* System wahrzunehmen.

Die Aussagenlogik (AL) analysiert Verknüpfungen von sog. *atomaren Aussagen*, die *semantisch* die Wahrheitswerte *wahr* oder *falsch* annehmen. Die **AL** ist das Fundament aller klassischen Logiksysteme.

In diesem Abschnitt wird (von geringen modernen Modifikationen abgesehen; H. M.) die Terminologie der Hilbertschen Fassung verwendet nach der Erstauflage von 1928 „*Grundzüge der theoretischen Logik*". Hilbert und Ackermann definierten die Aussagenlogik folgendermaßen:

> Einen ersten, unentbehrlichen Bestandteil der mathematischen Logik bildet der sogenannte Aussagenkalkül. Unter einer Aussage ist jeder Satz zu verstehen, von dem es sinnvoll ist, zu behaupten, daß sein Inhalt richtig oder falsch ist. [...] In dem Aussagenkalkül wird auf die feinere logische Struktur der Aussagen, die etwa in der Beziehung zwischen Prädikat und Subjekt zum Ausdruck kommt, nicht eingegangen, sondern die Aussagen werden als Ganzes in ihrer logischen Verknüpfung mit anderen Aussagen betrachtet.[85]

Das formale System **AL** ist wie folgt aufgebaut:[86]

- **Alphabet/Terme/Zeichen**: Aussagevariablen **X, Y, Z, ...**; Gültigkeitswerte **0, 1**; logische Verknüpfungszeichen **v, ¬** und Hilfszeichen wie: Klammern und Trennungszeichen.
- **Aussagen/Ausdrücke** und deren Bildung mittels **Syntax-Regeln** zu *wohlgeformten* Aussagen (**WFA**)[87].
- **Axiome** zum Ableiten allgemeingültiger Sätze. (Siehe unten die spezifische Hilbertsche AL-Axiomatisierung.)
- **Schlussregel(n)**: Hilbert verwendete nur den *Modus ponens* (**MP**): d. h., seien **X** und (**X → Y**) beide gültig, dann ist auch **Y** gültig.

---

85 Hilbert, 2013. Lectures. S. 812. *Grundzüge der theoretischen Logik*. 1. Auflage 1928. Fast identisch beschrieben in Hilbert & Bernays, 1968. S. 1. Grundlagen.

86 Es wird (mit Modifikationen; H. M.) der Hilbertsche Aufbau von 1928 zugrunde gelegt.

87 Zum Beispiel: „¬ (X ∨ Y)" ist eine WFA. Aber „)v(X Y ¬" ist keine WFA.

Alle logischen Verknüpfungen/Junktoren $\neg$, $\wedge$, $\vee$, $\rightarrow$, $\Leftrightarrow$ werden *syntaktisch* aus (i. d. R. zwei) Grundjunktoren definiert und semantisch interpretiert als: *nicht* (Negation), *und* (Konjunktion), *oder* (Disjunktion), *folgt* (Implikation), *äquivalent* (Äquivalenz).

In der Axiomatik des Aussagenkalküls unterschied Hilbert zwischen „*formalen Axiomen* (logischen Grundformeln)" und „*inhaltlichen Axiomen* (Grundregeln zur Ableitung richtiger[88] Formeln)".

Hilbert verwendete vier *formale Axiome*, wobei X, Y, Z,... Aussagenvariablen und v, ¬ Junktoren des Kalküls sind. Hilbert merkte an, dass das Zeichen „→" nur zur Abkürzung diene, d. h.: „$X \rightarrow Y$" steht für „$\neg X \vee Y$".

a) $X \vee X \rightarrow X$
b) $X \rightarrow X \vee Y$
c) $X \vee Y \rightarrow Y \vee X$
d) $(X \rightarrow Y) \rightarrow (Z \vee X \rightarrow Z \vee Y)$

Als sog. *inhaltliche Axiome* verwendete Hilbert zwei Regeln, die auf *formale Ausgangsformeln* Anwendung finden:

α) *Einsetzungsregel: Für eine Aussagenvariable* [...] *darf überall, wo sie vorkommt, ein und dieselbe Aussagenverbindung eingesetzt werden.*

β) *Schlußschema: Aus zwei Formeln* $\mathfrak{A}$ *und* $\mathfrak{A} \rightarrow \mathfrak{B}$ *gewinnt man die neue Formel* $\mathfrak{B}$. [Hilbert verwendet den *modus ponens* als einzige Schlussregel.
[Mit „*Formeln*" sind hier Axiome oder gültige Ableitungen gemeint. H. M.].[89]

88 Hilbert verwendete „*richtig*" (oder „*Richtigkeitsregel*") sowohl im syntaktischen wie semantischen Sinn. Das ist hier unproblematisch, da AL *korrekt* und *vollständig* ist, d. h. $\vdash \varphi \Leftrightarrow \vDash \varphi$.

89 Hilbert, 2013. Lectures. S. 829f. *Grundzüge der theoretischen Logik*. 1. Auflage 1928.

Hilbert diskutierte die folgenden Grundkriterien für **AL**:

> Die wichtigsten der entstehenden Fragen sind die nach der Widerspruchsfreiheit, Unabhängigkeit und Vollständigkeit des Axiomensystems.[90]

Die Widerspruchsfreiheit der klassischen Aussagenlogik

Die Konsistenz der **AL** wurde 1921 von Emil L. Post (1897–1954) und 1926 von Paul Bernays bewiesen.

Der Konsistenzbeweis für **AL** ist ein Klassiker, der kurz skizziert werden soll: Er verwendete das schon bei *Duns Scotus* (1266–1308) im 13. Jh. bekannte Theorem: ¬**X** → (**X** → **Y**). Mit diesem Theorem lässt sich die Konsistenz von **AL** leicht beweisen. Gäbe es einen Widerspruch in **AL** (d.h. sowohl ⊢ **X** wie ⊢ ¬**X**), dann könnte nach der *Scotus-Formel* jede beliebige Aussage **Y** als allgemein gültig deduziert werden. Nun ist aber z.B. die Aussage (**A v B**) nicht allgemein gültig. Nach dem ‚*Satz vom Widerspruch*' ist damit die Konsistenz von **AL** syntaktisch bewiesen. Hilbert drückte das wie folgt aus:

> Die Widerspruchsfreiheit des Kalküls im Sinne der Definition ist also gleichbedeutend damit, daß nicht jede beliebige Formel beweisbar ist.[91]

Hinter diesem Konsistenzbeweis steckt die sog. *Vererbbarkeit* der Theoreme, garantiert durch die Schlussregel des *Modus ponens*.

Hilbert sicherte sich gegen intuitionistische Angriffe ab und merkte an, dass im Beweis nur „scheinbar" der *Satz vom Widerspruch* Anwendung gefunden habe, denn immer, wenn ein Widerspruch in einem formalen System auftreten würde, wäre dieser ganze Kalkül zur *„Bedeutungslosigkeit"* verurteilt.[92]

90 Ebd. S. 836.

91 Ebd.

92 Vgl. ebd.

Die Unabhängigkeit der Axiome der klassischen Aussagenlogik

Hilbert zeigte die Unabhängigkeit der 4 Axiome voneinander „mit Hilfe einer arithmetischen Interpretation", deren Eigenschaft bei Ableitung neuer Formeln erhalten bleibt. Wie bei dem Widerspruchsfreiheitsbeweis gründete der Beweiserfolg auf der *Vererbbarkeit der Gültigkeit* durch die Schlussregel des *Modus ponens.*

Hilbert merkte in einer Fußnote an, dass die Unabhängigkeit bereits in einer Arbeit von Bernays „Axiomatische Untersuchung" (1926) bewiesen wurde.[93]

Die Vollständigkeit und Korrektheit der klassischen Aussagenlogik

Die *Vollständigkeit*[94] bedeutet, dass alle allgemeingültigen Aussagen der Aussagenlogik auch aus den AL-Axiomen ableitbar sind. D. h.:

$$AL \models \varphi \rightarrow AL \vdash \varphi$$

Da AL auch *korrekt* ist (d. h. alle Tautologien sind allgemeingültige Aussagen), gilt auch die Umkehrung der Implikation:

$$AL \models \varphi \Leftrightarrow AL \vdash \varphi$$

Als Hilbert 1917/18 über die Aussagenlogik referierte, machte er die bemerkenswerte Anmerkung, dass ihm die Vollständigkeit von AL am wichtigsten wäre:

> Am wichtigsten ist hier die Frage der Vollständigkeit. Denn das Ziel der symbolischen Logik besteht ja darin, aus den formalisierten Voraussetzungen die übliche Logik zu entwickeln. Es kommt also wesent-

93 Vgl. ebd. S. 837.

94 Siehe Abschnitt 4.3 unter *„semantische Vollständigkeit"*.

lich darauf an, zu zeigen, dass unser Axiomensystem zum Aufbau der gewöhnlichen Logik ausreicht.[95]

Auf eine Beweisskizze für die *Vollständigkeit* und *Korrektheit* von AL kann hier verzichtet werden.

4.5 Die Vollständigkeit der Prädikatenlogik erster Stufe (PL1)

Hinweis: Abschnitt 4.5 kann „diagonal" gelesen werden. Dem Leser wird empfohlen, die Prädikatenlogik erster Stufe (PL1) als weiteres Beispiel für ein vollständiges System wahrzunehmen. Auch ist historisch der Gödelsche Vollständigkeitsbeweis der PL1 von Bedeutung.

Die *Prädikatenlogik* (auch „*Quantorenlogik*" genannt) wurde erstmals 1879 in formaler Darstellung von Gottlob Frege in seiner ‚*Begriffsschrift*' präsentiert. Sie enthält die Aussagenlogik AL als Teilsprache, berücksichtigt aber die Analyse von Subjekt-Prädikat-Beziehungen unter Einschluss quantitativer Angaben, wie „*es gibt*", „*für alle*", „*kein*".

Das Kalkül der Prädikatenlogik wurde von Hilbert und Ackermann *Funktionenkalkül* genannt, da die Subjekt-Prädikat-Beziehung als Funktion eines Prädikats P( ) angewandt auf das Subjekt s ausgedrückt werden kann und somit P(s) zu einem prädikatenlogischen Satz wird.

> Z. B. kann das Funktionszeichen P( ) das Prädikat „ist eine Primzahl" bezeichnen. P(5) ist dann die Darstellung der Aussage: „5 ist eine Primzahl". [...] Wird ferner die Beziehung des kleineren zum größeren durch das Funktionszeichen mit zwei Leerstellen < (,) ausgedrückt, so ist < (2,3) die symbolische Darstellung der Aussage: „2 ist kleiner als 3."[96]

95 Hilbert, 2013. Lectures. S. 109. Vorlesungen über ‚Prinzipien der Mathematik'. 1917/18.

96 Ebd. S. 848. *Grundzüge der theoretischen Logik*. 1. Auflage 1928.

In diesem Abschnitt wird der Gödelsche Vollständigkeitsbeweis der *Prädikatenlogik erster Stufe* (**PL1**) behandelt, der einen wichtigen Meilenstein für das Hilbert Programm bedeutete. Die Kennzeichnung „*erste Stufe*" bezieht sich darauf, dass Existenz- und Allaussagen auf Individuen beschränkt sind, d.h. es wird nicht über Prädikate quantifiziert. Die Namensgebung „*engerer Funktionenkalkül*" im geschichtlichen Verlauf erläutert Hoffmann:

> Dieser Begriff wurde durch die Hilbert'sche Schule geprägt und über 30 Jahre lang in dem bekannten Lehrbuch *Grundzüge der theoretischen Logik* von Hilbert und Ackermann verwendet [46]. Erst in der Ausgabe von 1959 hat Ackermann den Begriff ersetzt und spricht dort von einem *Prädikatenkalkül*. Im Wesentlichen handelt es sich dabei um das, was wir heute als die *Prädikatenlogik erster Stufe*, kurz PL1, bezeichnen.[97]

Hilbert ergänzte die formalen **AL**-Axiome **a)** bis **d)** (s.o. Abschnitt 4.4) mit zwei formalen Axiomen „für alle" (∀) und „es gibt/es existiert" (∃):

> e) $\forall x\, F(x) \rightarrow F(y)$
> f) $F(y) \rightarrow (\exists x) F(x)$
>
> Das erste dieser Axiome bedeutet: „Wenn ein Prädikat F auf alle x zutrifft, so trifft es auch auf ein beliebiges y zu." Die zweite Formel liest sich so: „Wenn das Prädikat F auf irgendein y zutrifft, so gibt es ein x, auf das F zutrifft."[98]

Die α) *Einsetzungsregel* und das β) *Schlussschema* für **AL** wurden von Hilbert prädikatenlogisch angepasst und mit einem γ) *Quantorenschema* (für „*alle*" und „*es gibt*") erweitert. Auf weitere Details wird hier verzichtet.

97 Hoffmann, 2017. Gödel'sche Unvollständigkeitssätze. S. 320. „[46]" referiert auf 1. Auflage.

98 Hilbert, 2013. Lectures. S. 856. Grundzüge der theoretischen Logik. 1. Auflage 1928. [Die Schreibweise wurde unter Verwendung von ∀ und ∃ modern angepasst. H. M.].

Gödel übernahm mit leichten Modifikationen die Terminologie von Hilbert und Ackermann (1928) und leitete 1929 seine Dissertationsschrift „*Über die Vollständigkeit des Logikkalküls*“ mit den folgenden Worten ein:

> Der Hauptgegenstand der folgenden Untersuchungen ist der Beweis der Vollständigkeit des in Russell, *Principia mathematica*, [...] und ähnlich in Hilbert-Ackermann, *Grundzüge der theoretischen Logik* [...], angegebenen Axiomensystems des sogenannten engeren Funktionenkalküls.[99]

Noch 1928 schrieben Hilbert und Ackermann über die Prädikatenlogik erster Stufe in der 1. Auflage des berühmten Standardwerks der Logik:

> Ob das Axiomensystem wenigstens in dem Sinne vollständig ist, daß wirklich alle logischen Formeln, die für jeden Individuenbereich richtig sind, daraus abgeleitet werden können, ist eine noch ungelöste Frage. Es läßt sich nur rein empirisch sagen, daß bei allen Anwendungen dieses Axiomensystem immer ausgereicht hat. Die Unabhängigkeit der einzelnen Axiome ist noch nicht untersucht worden.[100]

In der 5. Auflage von 1967 dieses Werks findet sich dann die Anmerkung:

> Wir bemerken noch, daß die Vollständigkeit des Prädikatenkalküls in ausgesprochener Form zuerst von K. Gödel [7] gezeigt wurde, [...].[101]

Gödel bewies in seiner Dissertationsschrift neben der Vollständigkeit auch die Unabhängigkeit der einzelnen Axiome für die folgenden zwei Bereiche: er unterschied ein logisches Axiomensystem

99 Gödel, 1929–1936. Collected Works I. S. 60. Dissertation, 1929. Vollständigkeit Logikkalkül.

100 Hilbert, 2013. Lectures. S. 869. Grundzüge der theoretischen Logik. 1. Auflage 1928.

101 Hilbert & Ackermann, 1967. Grundzüge theor. Logik. 5. Auflage S. 104. „[7]“ verweist auf ‚*Die Vollständigkeit der Axiome des logischen Funktionenkalküls*‘. Mh. Math. Phys. 37 (1930).

1. *„im engeren Sinn (i. e. S.)“* ohne Identität
2. *„im weiteren Sinn* (*i. w. S.*)“ mit Identität, d. h. (x = y).

Der Grund hierfür ist, dass die Quantifikation in **PL1** auf Individuen beschränkt ist und deshalb nicht ausreicht, um die Identität zu definieren. Somit muss ‚=‘ als eigenständiges Zeichen separat axiomatisiert und semantisch interpretiert werden. Deshalb ergänzte Gödel die *„Axiome im weiteren Sinn*“ um zwei weitere Axiome:

(i) **x** = **x** und (ii) **x** = **y** → [F(x) →F(y)]

Axiom (ii) ist philosophisch interessant, da es das *Identitätsprinzip von Leibniz* widerspiegelt. Zwei Dinge **x** und **y** sind dann identisch, wenn sie sich in keiner Eigenschaft **F** unterscheiden, somit die gleichen Prädikate besitzen.

Die *Vollständigkeit* von **PL1** (sowohl für „i. e. S.“ wie auch „i. w. S.“) bedeutet, dass alle allgemeingültigen Aussagen der Prädikatenlogik erster Stufe aus den **PL1** Axiomen ableitbar sind. D. h.:

$$\text{PL1} \models \varphi \rightarrow \text{PL1} \vdash \varphi$$

Es handelt sich hier um die *semantische Vollständigkeit*, dessen Bedeutung darin begründet liegt, dass inhaltliche/informelle logische Demonstrationen streng formal bewiesen werden können. Allgemeingültige prädikatenlogische Aussagen, die sich möglicherweise auf unendliche Gesamtheiten beziehen, können mit finiten Mitteln axiomatisch bewiesen werden.

Für die klassische Mathematik ist noch bedeutsamer, dass alle **PL1** Aussagen in der ZFC-axiomatisierten Mengentheorie *extensional* interpretierbar sind. Somit übersetzt sich ein prädikatenlogischer Satz **P**(**a**), der aussagt, dass **a** die Eigenschaft **P** hat, in eine Menge **P**, wobei **a** ∈ **P** ist.

5 Die Gödelschen Unvollständigkeitssätze 1930/31

Hoffmann schildert die Ereignisse während der *2. Tagung für Erkenntnislehre der exakten Wissenschaften* mit dem Thema „*Grundlagen der Mathematik*" vom 5.–7. Sep. 1930 in Königsberg. Der Kongress wurde von der *Berliner Gesellschaft für empirische Philosophie* organisiert. Auf dieser Konferenz (mit Teilnehmern wie R. Carnap, A. Heyting, J. v. Neumann[102], H. Reichenbach, W. Heisenberg) präsentierte K. Gödel in einem Kurzvortrag die *Vollständigkeit des Logikkalküls* aus seiner Dissertationsarbeit. Während einer Podiumsdiskussion am 7. Sep. soll Gödel eher informell zum ersten Mal die *Unvollständigkeit* der Arithmetik der natürlichen Zahlen erwähnt und damit weitere Forschungen von J. v Neumanns angeregt haben. Gödel habe sich wie folgt geäußert:

> *Man kann – unter Voraussetzung der Widerspruchsfreiheit der klassischen Mathematik – sogar Beispiele für Sätze (und zwar solche von der Art des Goldbach'schen oder Fermat'schen) angeben, die zwar inhaltlich richtig, aber im formalen System der klassischen Mathematik unbeweisbar sind.*[103]

Am 8. Sep. 1930 (einen Tag nach dem Meeting) hielt Hilbert seine oft zitierte *Radiorede*, die verdeutlichte, dass er die Ankündigung Gödels über unentscheidbare Sätze A (d. h. weder A noch ¬A sind beweisbar) nicht zur Kenntnis nehmen konnte oder wollte. Sein Optimismus seit der Rede in Paris 1900 – „*es giebt kein ignorabimus*" – war bis dato ungebrochen, wie erneut aus dem folgenden Zitat erkenntlich ist:

102 S. Text zu Fußnote 4. Die drei erstgenannten Teilnehmer hielten die Grundlagen-Referate.

103 Hoffmann, 2017. S. 125. Gödel'sche Unvollständigkeitssätze. [Der *Fermatsche Satz* wurde 1994 bewiesen, die *Goldbachsche Vermutung* ist weiterhin ungelöst, siehe unten. H. M.].

> Hilbert erkannte die Wichtigkeit des Entscheidungsproblems wegen seiner allumfassenden Natur – und er glaubte daran, dass alle mathematischen Probleme lösbar seien. In einem Vortrag aus dem Jahr 1930, der auszugsweise auch im Radio gesendet wurde und den man immer noch im Internet hören kann[6], sagte Hilbert: „Wir müssen wissen, wir werden wissen."[104]

Die Unvollständigkeitsbeweise hatte Gödel bereits vorliegen, denn schon am 23. Okt. reichte er das *Abstrakt* und am 17. Nov. den vollen Text bei ‚*Monatshefte für Mathematik und Physik*' ein. Drei Tage später erhielt Gödel einen Brief von J. v. Neumann (zu spät für die Beanspruchung der Urheberschaft), dass auch er den 2. Unvollständigkeitssatz beweisen konnte. Im Januar 1931 erschien Gödels berühmte Publikation, die er mit Verweis auf die beiden formalen Systeme *Principia Mathematica* (**PM**) und *Zermelo-Fraenkelsche* (**ZFC**) Mengenlehre mit den folgenden Worten einleitete:

> Diese beiden Systeme sind so weit, daß alle heute in der Mathematik angewendeten Beweismethoden in ihnen formalisiert, d. h. auf einige wenige Axiome und Schlußregeln zurückgeführt sind. Es liegt daher die Vermutung nahe, daß diese Axiome und Schlußregeln dazu ausreichen, alle mathematischen Fragen, die sich in den betreffenden Systemen überhaupt formal ausdrücken lassen, auch zu entscheiden. Im folgenden wird gezeigt, daß dies nicht der Fall ist, [...].[105]

In diesem Kapitel wird Gödels wegweisende Untersuchung ‚*Über formal unentscheidbare Sätze der Principia Mathematica und verwandter Systeme*' dargestellt über die S. Feferman (Herausgeber der ‚*Kurt Gödel – Collected Works*' und ehemaliger Kollege von Tarski in Berkeley und Gödel in Princeton) urteilte:

104 Stillwell, 2014. S. 102f. Wahrheit, Beweis. [Verweis [6] referiert auf die „*Radioansprache*" im Web. H. M.].

105 Gödel, 1931. Über formal unentscheidbare Sätze. S. 173.

> Gödel's *1931* was undoubtedly the most exciting and the most cited article in mathematical logic and foundations to appear in the first eighty years of this century.[106]

5.1 Zur Idee der Gödelschen Unvollständigkeitsbeweise

Bevor die Beweisidee dargestellt wird, seien mit Gödels knappen Worten die drei Hauptresultate aus seinem Ankündigungs-Abstrakt vom 23. Okt. 1930 zitiert:

> Überbaut man die Peano'schen Axiome mit der Logik der *Principia mathematica* […], so entsteht ein formales System S, für welches folgende Sätze gelten:
>
> I. Das System S ist *nicht* entscheidungsdefinit, d. h. es gibt darin Sätze A (und solche sind auch angebbar), für welche weder A noch ¬A beweisbar ist, […].[107]
>
> II. Selbst wenn man alle logischen Hilfsmittel der *Principia mathematica* […] in der Metamathematik zuläßt, gibt es *keinen Widerspruchsfreiheitsbeweis* für das System S […].
>
> III. Satz I läßt sich dahin verschärfen, daß auch durch Hinzufügung endlich vieler Axiome zum System S […] *kein* entscheidungsdefinites System entsteht, sobald das erweiterte System ω-widerspruchsfrei[108] ist. […].

106 Gödel, 1929–1936. Collected Works I. S. 126. Introductory notes von Feferman.

107 Für **nicht-A** (d. h. ¬A) verwendete Gödel ein **A mit Überstrich**.

108 „*ω-widerspruchsfrei*" ist eine etwas stärkere Forderung als „*widerspruchsfrei*" (s. u.). H. M.

[…] Die Beweise dieser Sätze werden in den *Monatsheften für Mathematik und Physik* erscheinen.[109]

Satz I entspricht dem *ersten Unvollständigkeitssatz*, Satz II dem *zweiten*. Satz III schließt die Möglichkeit aus, mit weiteren Axiomen die Unvollständigkeit zu umgehen. (In Gödels Hauptschrift wird das formale System **S** in **P** umbenannt.)

5.1.1 Einführende Bemerkungen

Gödels Abhandlung erfordert profundes Fachwissen. Die Lektüre ist zudem erschwert durch eigenwillige, heute weitgehend veraltete Notation und Begriffsbildung. Auch wenn gelegentlich Autorinnen und Autoren die *Unvollständigkeitssätze* in modernem Gewand heute neu und einfacher darlegen, soll hier die originale, historische Gödelsche Beweisidee skizziert werden.[110] Die von dem erst 25-jährigen Gödel angewandte Methodik ist beweistheoretisch bahnbrechend, philosophisch erhellend und beeinflusste in revolutionärer Weise die Forschungen an den *Grundlagen der Logik und Mathematik* und an der Entwicklung der Computer.

Die folgende Skizze der Gödelschen Beweisidee orientiert sich an der Gödelschen Originalschrift (1931), an Hoffmann (2017), Stegmüller (1973) und an Feferman (2006b) – wie im Literaturverzeichnis aufgeführt.

Anmerkung: Gelegentlich unterscheiden Autorinnen und Autoren terminologisch präzise (aber auch umständlich) Objekte, die sowohl a) im formalen System, b) inhaltlich in der Metaebene und c) „*gödelisiert*" in $\mathbb{N}$ dargestellt werden. Auch Gödel hat in seiner berühmten Schrift metamathematische Begriffe *kursiv* gedruckt und so von der syntaktischen Sprache unterschieden. In dieser Arbeit werden alle Ebenen transparent unterschieden. Deshalb kann auf unterscheidende Notation zwischen Syntax und Semantik dann verzichtet werden, wenn die Ebenen klar erkennbar sind. Als Vorbild diene hier u. a. (Feferman, 2006b).

109 Gödel, 1929–1936. Collected Works I. S. 140–142. ‚*Einige metamathematische Resultate über Entscheidungsdefinitheit und Widerspruchsfreiheit*', 1930b.

110 Cheng, 2021. Current Research on Gödel's Incompletenes. §3, S. 123–142. [Diverse modernere Beweismethoden und deren Klassifikation werden von Cheng analysiert].

5.1.2 Das formale System P

Um die Unvollständigkeit der Arithmetik der natürlichen Zahlen zu zeigen, verwendete Gödel als formales System **P** das Peano Axiomensystem (PA) zusammen mit der Logik der *Principia Mathematica* (**PM**).

> P ist im wesentlichen das System, welches man erhält, wenn man die Peanoschen Axiome mit der Logik der PM[16)] überbaut (Zahlen als Individuen, Nachfolgerrelation als undefinierten Grundbegriff).

[Fußnote 16) bedeutet, dass **PM** stark genug ist, **PA** zu formulieren. H. M.].

> [16)] Die Hinzufügung der Peanoschen Axiome ebenso wie alle anderen am System PM angebrachten Abänderungen dienen lediglich zur Vereinfachung des Beweises und sind prinzipiell entbehrlich.[111]

Gödels formales System **P** besteht (in moderner Notation; H. M.) aus:

1. Konstanten: ¬ (*nicht*), ∨ (*oder*), ∀ (*für alle*), **0** (*Null*), **s** (*Nachfolger von*), ( ) (*Klammern als Trenn- und Bindungszeichen*).
2. Variablen: $\mathbf{x}_1$, $\mathbf{y}_1$, $\mathbf{z}_1$,… (Variable *ersten* Typs: *„für Individuen, d. h. natürliche Zahlen inklusive 0“*);
   $\mathbf{x}_2$, $\mathbf{y}_2$, $\mathbf{z}_2$,… (Variable zweiten Typs: *„für Klassen von Individuen“*);
   usw.
   (Gödel vereinfachte **PM**: In **P** lassen sich ohne Einschränkung alle Variablen der höheren Typen als einstellige Prädikate formulieren.)
3. Axiome: *logische Axiome* aus **PM** und die *Peano Axiome* **PA** zum Aufbau von ℕ (+,•), d. h. ℕ mit *„plus“* und *„mal“*.
4. Regeln: für die Bildung *wohldefinierter* Formeln φ aus endlichen Reihen von Grundzeichen; weiterhin Schluss-, Beweis- und Ersetzungsregeln.

111 Gödel, 1931. Über formal unentscheidbare Sätze. S. 176.

Der *(Un)vollständigkeitsbegriff* und der logische Zusammenhang zwischen Syntax und Semantik des Systems **P** sei an dem von Gödel genannten Beispiel der „*Goldbach'schen Vermutung*“[112] erläutert: Diese umgangssprachlich leicht zu verstehende Hypothese besagt semantisch, dass sich alle geraden Zahlen $n > 2$ als Summe zweier Primzahlen schreiben lassen.

Beispiele sind: $6 = (3+3)$ oder $22 = (3+19) = (5+17) = (11+11)$.

In einem Nachtrag 1931 definierte Gödel präzise ‚*Vollständigkeit*‘:

> Ein formales System heißt vollständig, wenn jeder in seinen Symbolen ausdrückbare Satz aus den Axiomen formal entscheidbar ist, [...][113]

Die Bemerkung „*jeder in seinen Symbolen ausdrückbare Satz*“ signalisiert, dass die semantischen Aussagen symbolisiert vorliegen müssen, um überhaupt sinnvoll Syntax und Semantik qua $\vDash \varphi \rightarrow \vdash \varphi$ verbinden zu können. Das soll am Beispiel der Goldbachschen Vermutung verdeutlicht werden:

Die *Goldbachsche Hypothese* benötigt die Definition von Primzahlen:

$\mathbf{m} \in \mathbb{N}$ ist eine Primzahl **Prim(m)** genau dann, wenn gilt:

$$\mathbf{Prim(m) \Leftrightarrow (1 < m) \land \nexists n \nexists k \{(1 < n < m) \land (n \times k) = m\}.}$$

In Worten: $\mathbf{m} > 1$ ist eine Primzahl genau dann, wenn **m** sich nicht als Produkt zweier (von **1** und **m**) verschiedener Zahlen darstellen lässt.

Die *Goldbachsche Vermutung* lautet dann:

$$\mathbf{\forall x \forall n \in \mathbb{N} \{x = 1 \lor (x=2n+1)\} \lor \{\exists y \exists z\, Prim(y) \land Prim(z) \land (x = y + z)\}.}$$

In Worten: Alle $\mathbf{x} \in \mathbb{N}$ sind entweder ungerade oder lassen sich als Summe zweier Primzahlen **y** und **z** schreiben.

---

112 Kommuniziert um 1742 von dem Mathematiker Christian Goldbach.

113 Gödel, 1929–1936. Collected Works I. S. 202. ‚*Diskussion zur Grundlegung der Mathematik*‘, 1931a.

Anmerkung: Die Formalisierung der *Goldbachschen Vermutung* konnte nur angedeutet werden. In einer streng mathematischen Abhandlung müssten Zeichen wie z. B. **ss0** (d. h. der zweifache Nachfolger von 0; s. 2.4) in der Syntax und die **2** in der Semantik streng unterschieden werden.

Trotz ihrer einfachen umgangssprachlichen Formulierung und einer hoch entwickelten Zahlentheorie und Logik wissen wir bis heute nicht, ob die *Goldbachsche Vermutung* in **P** entscheidbar ist. Um sie zu beweisen, müsste der semantisch *„in seinen Symbolen ausdrückbare Satz"* (s. Fußnote 113) syntaktisch als Theorem aus den Axiomen ableitbar sein, was aber bisher nicht gelang und möglicherweise mit finiten Mitteln auch unentscheidbar ist.

Das Entscheidungsproblem war für Hilbert ein großes Anliegen. Jedoch (wie unten gezeigt wird) demonstrierte Gödel erstmals die Existenz einer in **P** wohldefinierten Formel **G**, die unentscheidbar ist (d. h. **G** und ¬**G** sind beide unbeweisbar), deren semantische Interpretation dagegen wahr ist.

5.1.3 Arithmetisierung („*Gödelisierung*") der Syntax von P

Hinweis: Abschnitt 5.1.3 enthält komplexe formale Begriffsbildungen. Hilfreich könnte die *Zusammenfassung* am Ende von Abschnitt 5.1.3 sein, die um eine Strukturierung der Gedankenschritte bemüht ist. Dem Leser wird empfohlen bereits während der Lektüre diese Zusammenfassung aufzusuchen.

Die *Arithmetisierung der Syntax* (auch *Gödelisierung* genannt) bildet die Grundzeichen von **P** und damit Zahlen, Variablen, Funktionen, Relationen, Mengen, Formeln, Folgen von Formeln und Beweise etc. umkehrbar eindeutig in die natürlichen Zahlen (den sog. *Gödelzahlen*) ab, so dass alle syntaktischen Verhältnisse in ℕ dargestellt sind. Gödel beschrieb das Verfahren wie folgt:

Wir ordnen nun den Grundzeichen des Systems P in folgender Weise eineindeutig natürliche Zahlen zu: [...].[114]

P	„0“	„s“	„¬“	„∨“	„∀“	„(“	„)“
↓	↓	↓	↓	↓	↓	↓	↓
ℕ	1	3	5	7	9	11	13
Von Gödel verwendete Zuordnung. Die Grundzeichen sind modern notiert; H. M.							

> [...] ferner den Variablen n-ten Typs die Zahlen der Form p^n (wo p eine Primzahl > 13 ist). Dadurch entspricht jeder endlichen Reihe von Grundzeichen (also auch jeder Formel) in eineindeutiger Weise eine endliche Reihe natürlicher Zahlen. Die endlichen Reihen natürlicher Zahlen bilden wir nun (wieder eineindeutig) auf natürliche Zahlen ab, indem wir der Reihe $n_1, n_2, \dots n_k$ die Zahl $2^{n1} . 3^{n2} \dots p_k^{nk}$ entsprechen lassen, wo p_k die k-te Primzahl (der Größe nach) bedeutet. Dadurch ist nicht nur jedem Grundzeichen, sondern auch jeder endlichen Reihe von solchen in eineindeutiger Weise eine natürliche Zahl zugeordnet.[115]

Beispiele einer *Gödelisierung*:

a) Der Zahl **„4“** entspricht in **P „ssss0“** (s bedeutet *Nachfolger*, siehe Peano Axiome). Aus obiger Tabelle erhält man die Werte 3,3,3,3,1. Die *Gödelzahl* von **„ssss0“** ist somit $2^3 \bullet 3^3 \bullet 5^3 \bullet 7^3 \bullet 11^1 = 101\,871\,000$. Aus der Zahl n=101 871 000 lässt sich durch Primzahlzerlegung sofort **„ssss0“** mit der Bedeutung **„4“** rekonstruieren.
b) Als Gegenbeispiel diene n=3 773 000. Diese Zahl n ist keine Gödelzahl, da in ihrer Zerlegung $2^3 \bullet 5^3 \bullet 7^3 \bullet 11^1$ die Basisprimzahl **3** fehlt.
c) Die folgende Primzahlzerlegung $2^{13} \bullet 3^3 \bullet 5^1 \bullet 7^9 \bullet 11^5$ erscheint zwar wie eine richtige Gödelzahl, aber ihre Dekodierung enthüllt die nicht wohldefinierte Zeichenfolge: „) s 0 ∀ ¬“. Diese Zahl reprä-

114 Gödel, 1931. Über formal unentscheidbare Sätze. S. 178.

115 Ebd. S. 179).

sentiert keine Formel und würde mit dem sog. *primitiv-rekursiven* Verfahren (s. u.) ausgesondert werden.

Von besonderer Bedeutung ist die *Gödelisierung von Beweisen*. Wie in Abschnitt 4.3 ausgeführt, ist der Beweis einer Formel φ eine endliche Reihe gültiger Formeln $\varphi_1, \varphi_2, \ldots, \varphi_i, \ldots, \varphi_k$, (die unmittelbar aus den Axiomen oder aus bereits bewiesenen Formeln folgen) und deren Endglied $\varphi = \varphi_k$ ist. Hat jedes φ_i die Gödelzahl $\mathbf{n}_i$, dann kann der Folge $n_1, ,n_2,\ldots,n_i,\ldots,n_k$ umkehrbar eindeutig die Gödelzahl $2^{n1} \bullet 3^{n2} \bullet \ldots \bullet q^{ni} \bullet \ldots \bullet p^{nk}$ des Beweises zugeordnet werden.

Im Folgenden wird mit eckiger Klammer [φ] die *Gödelzahl* von φ bezeichnet. Die obige Beweisreihe für φ hat dann die Gödelzahl:

$$[\varphi_1, \varphi_2, \ldots, \varphi_i, \ldots, \varphi_k] = 2^{n1} \bullet 3^{n2} \bullet \ldots \bullet q^{ni} \bullet \ldots \bullet p^{nk}.$$

Der Begriff „*Beweis*" ist eine zweistellige Relation im Sinne von: „*mit etwas*" (d. h. mit $\varphi_1, \ldots, \varphi_i, \ldots, \varphi_k$) „*etwas*" (d. h. Theorem φ) beweisen.

Es sei $x = [\varphi_1, \ldots, \varphi_i, \ldots, \varphi_k] \in \mathbb{N}$ die Gödelzahl der Beweisreihe und $y = [\varphi] \in \mathbb{N}$ die Gödelzahl des zu beweisenden *Theorems* φ. Dann zeigte Gödel, dass sich eine zweistellige Relation **Bew**: $\mathbb{N}$ **x** $\mathbb{N} \rightarrow \mathbb{N}$ definieren lässt mit der Eigenschaft, dass die Relation **Bew (x, y)** eindeutig bestimmt, ob mit **x** und y ein gültiger Beweis von $\varphi_1, \ldots, \varphi_i, \ldots, \varphi_k$ für φ vorliegt.

Bew (**x**, **y**) besagt somit: „**x** ist die Gödelnummer für den Beweis einer Formel, deren Gödelzahl **y** ist".

Damit gelingt auch die Formalisierung der *Beweisbarkeit* einer beliebigen Formel φ (d. h. ob $P \vdash \varphi$) oder deren *nicht-Beweisbarkeit* (d. h. ob $P \nvdash \varphi$).

Metasprachlich bedeutet „*Formel φ ist beweisbar*" (also $P \vdash \varphi$), dass es eine Reihe von Formeln *gibt*, die zum Beweis von φ hinreichen. Anders formuliert:

Eine Formel φ mit der Gödelzahl y = [φ] ist *beweisbar*, wenn ein **x** existiert, welches die Bedingung **Bew** (x, [φ]) erfüllt, d. h. ∃x **Bew** (**x**, **y**), abgekürzt **bew** ([φ]).

$$P \vdash \varphi \text{ gilt genau dann, wenn } \exists x \text{ Bew } (x, [\varphi]) \equiv \text{bew } ([\varphi]) = \text{bew } (y).$$

$$P \nvdash \varphi \text{ gilt genau dann, wenn } \nexists x \text{ Bew } (x, [\varphi]) \equiv \neg\text{bew } ([\varphi]) = \neg\text{bew } (y).$$

Wie gelang es Gödel, die gesamte logische Struktur der Syntax auf die natürlichen Zahlen abzubilden? Viele Seiten seines Beweises verwendete Gödel für 45 Nachweise, dass alle Axiome, Formeln, Rechenschritte, Beweismethoden etc. *rekursiv*[116] *definierbar* und somit *entscheidbar* sind. Die heute benutzten Begriffe „*primitiv-rekursiv*" und „*rekursiv*" verweisen auf ‚*Berechenbarkeit*' in der EDV, ausgehend von einem Startpunkt und von diesem *induktiv/rekursiv* weiter fortschreitend.

Gödel führte die primitiv-rekursiven Funktionen und Relationen wie folgt ein:

> Die Funktionen $x + y$, $x \bullet y$, x^y, ferner die Relationen $x < y$, $x = y$ sind, wie man sich leicht überzeugt, rekursiv und wir definieren nun, von diesen Begriffen ausgehend, eine Reihe von Funktionen (Relationen) 1–45, deren jede aus den vorhergehenden mittels der in den Sätzen I bis IV genannten Verfahren definiert ist. [...] Jede der Funktionen (Relationen) 1–45, unter denen z.B. die Begriffe „*Formel*", „*Axiom*", „*unmittelbare Folge*" vorkommen, ist daher rekursiv.[117]

Primitiv-rekursive Funktionen/Relationen bildeten den Kern der Gödelschen Unvollständigkeitsbeweise. Für die Demonstration der beiden Unvollständigkeitssätze musste Gödel elf Hauptsätze über primitiv-rekursive Funktionen/Relationen beweisen. Er zeigte, dass alle logischen Beziehungen im formalen System **P** sich arithmetisch als primitiv-rekursive Funktionen/Relationen definieren lassen. Der wichtige Satz V bestätigt, dass auch die Umkehrung gilt.

Satz V: Jede primitiv-rekursive Funktion/Relation ist entscheidungsdefinit und in **P** syntaktisch (und semantisch) repräsentierbar.[118]

Die Bedeutung von Satz V kann (in Verbindung mit anderen Gödelschen Sätzen) als Herzstück der Unvollständigkeitsbeweise aufgefasst werden. Er be-

116 Gödels Bezeichnung „*rekursiv*" wird seit 1934 nach der ungarischen Mathematikerin Rózsa Péter (1905–1977) modern als „*primitiv-rekursiv*" benannt.

117 Gödel, 1931. Über formal unentscheidbare Sätze. S. 181.

118 Vgl. Hoffmann, 2017. Gödel'sche Unvollständigkeitssätze. S. 279ff.

sagt, dass die syntaktisch-logischen Beziehungen in **P** umkehrbar eindeutig in der arithmetischen Ebene beschreibbar und rekonstruierbar sind.

Übersetzt in die Informatiksprache (die Gödel um 1930 natürlich noch nicht kannte) werden mittels primitiv-rekursiven (und generell rekursiven) Funktionen in finiten Schritten logische Beziehungen und Schlussfolgerungen berechnet.

Die wichtigste primitiv-rekursive Relation in Gödels Beweis ist **Bew (x, y)**, mit der für beliebige Zahlenpaare **(x,y)** $\in \mathbb{N} \times \mathbb{N}$ entscheidbar ist, ob **x** die Gödelzahl eines Beweises für eine Formel mit der Gödelzahl **y** ist.

Bereits jetzt sei betont, dass im Gegensatz zu **Bew (x, y)**, die *Beweisbarkeits*-Beziehung **bew (y)** *nicht* primitiv-rekursiv ist. Das hat zur Folge, dass die Beweisbarkeit nicht für jede Formel φ mit $y = [\varphi]$ entscheidbar ist. Grund dafür ist der unbeschränkte Existenzquantor **∃x** in der Definition der Beweisbarkeit

$$\text{bew } (y) \equiv \exists x \text{ Bew } (x, y).$$

Wie aus dem Text zur Fußnote 117 hervorgeht, bewies Gödel für „*eine Reihe von Funktionen (Relationen) 1–45*", dass diese primitiv-rekursiv sind. Für die 46ste Beweisbarkeitsrelation **bew (y)** drückte sich Gödel in seiner Publikation vorsichtig aus:

> 46. Bew(x) […] x ist eine *beweisbare Formel*. [Bew(x) ist der einzige unter den Begriffen 1–46, von dem nicht behauptet werden kann, er sei rekursiv.][119]

Heute wissen wir, dass **bew (y)** *nicht* primitiv-rekursiv ist. Das ist gleichbedeutend damit, dass nicht alle Formeln entscheidbar sind, und letztlich ist dies auch der Grund dafür, dass **P** unvollständig ist.

119 Gödel, 1931. Über formal unentscheidbare Sätze. S. 186. [**Bew(x)** ist im vorliegenden Text als **bew(y)** notiert. H.M.].

Zusammenfassung von Abschnitt 5.1.3:

1. **P** bezeichnet das *Peano Kalkül* (2.4) überbaut mit der *Prädikatenlogik erster Stufe* (4.5). **P** erfasst das Axiomensystem der Arithmetik ℕ (+,•).
2. *Arithmetisierung* oder *Gödelisierung der Syntax* bedeutet, dass alle syntaktischen Entitäten von **P** (Zeichen, Variablen, Formeln, Beweise etc.) umkehrbar eindeutig in eine Teilmenge der natürlichen Zahlen abgebildet (*gödelisiert*) werden. Damit sind alle Formeln φ durch Gödelzahlen [φ] ∈ ℕ nummerisch eineindeutig in den natürlichen Zahlen repräsentiert. Man kann sich hier einen Geheimcode vorstellen, der alle Entitäten in eine natürliche Zahl verschlüsselt. Mit diesen codierten *Gödelzahlen* lässt sich rechnen und Rückschlüsse auf deren Eigenschaften und deren Bedeutung ziehen.
3. Man kann sich hier drei Ebenen vorstellen: **a)** das formale System **P**, **b)** die Metasprache und **c)** eine neue *arithmetische Ebene* ℕ (+,•) in der alle Aussagen codiert sind und in der man durch Rechnen Rückschlüsse auf Eigenschaften ziehen kann.
4. In dieser arithmetischen Ebene ℕ (+,•) werden *primitiv-rekursive* Funktionen/Relationen definiert und analysiert. Nach Gödels **Satz V** haben alle primitiv-rekursiven Funktionen/Relationen eine syntaktische Repräsentation in **P**. Auch die Umkehrung gilt: Alle syntaktischen Formeln, Verknüpfungen und Schlüsse lassen sich als primitiv-rekursive Funktionen/Relationen darstellen.
5. Somit kann die gesamte syntaktische Struktur in der arithmetischen Ebene dargestellt werden. Logische Schlüsse in **P** lassen sich in ℕ (+,•) analysieren. Von einem beliebigen Zahlenpaar **(x,y)** ∈ ℕ x ℕ lässt sich entscheiden, ob **Bew(x,y)** einen Beweis in **P** repräsentiert. Allerdings ist die Relation der Beweisbarkeit **bew(y)** nicht primitiv-rekursiv, somit gibt es kein generelles Verfahren in der Arithmetik, um die Gültigkeit einer Formel φ mit **y=[φ]** zu entscheiden. Dies ist der Grund für eine mögliche Unentscheidbarkeit von φ. Anmerkung: Das Finden eines Beweises für φ erfordert immer Kreativität des Mathematikers; die Verifikation von Bew(x,[φ]) erledigt heute die Maschine, z.B. das Computerprogramm „metamath.org".

6. **Bew(x,y)** und **bew(y)** paraphrasieren metasprachliche Aussagen. Parallel mit der *Arithmetisierung der Syntax* wird auch die *Metamathematik arithmetisiert*. Somit können mit arithmetischen Mitteln die Beziehungen zwischen Syntax und Semantik (wie *Korrektheit*, *Vollständigkeit*, *Widerspruchsfreiheit*) gemeinsam in nur einer arithmetischen Ebene untersucht werden. Beide Ebenen *Syntax* und *Semantik* sind in der Arithmetik gemeinsam verschränkt.

5.1.4 Der selbstbezügliche „Gödelsatz G"

Gödel konstruierte eine syntaktisch wohldefinierte Formel (heute „*Gödelsatz* **G**" genannt), die inhaltlich besagt: „*Ich, der Satz* **G**, *bin unbeweisbar*" oder:

„**G** *ist äquivalent dem Satz, dass* **G** *nicht beweisbar ist*".

Formel **G** lässt sich arithmetisieren („*gödelisieren*"):

G ⇔ ¬bew ([G]) = ∄x Bew (x, [G])

Die *Selbstbezüglichkeit* der Definition von **G** ist unübersehbar und erinnert an die Verursachung der Grundlagenkrise durch selbstbezügliche Mengenkonstruktionen bei Cantor, Frege und Russell (Abschnitt 2.1). Gödel zeigte aber, dass **G** (in der Syntax von **P**) eine wohldefinierte Formel ist und dass die Selbstbezüglichkeit *keine logische Zirkelhaftigkeit* beinhaltet. Er verwies auf die Analogie mit der zirkelhaft formulierten *Lügner-Antinomie der Kreter* und der *Richardschen Antinomie*:

> Die Analogie dieses Schlusses mit der Antinomie Richard springt in die Augen; auch mit dem „Lügner" besteht eine nahe Verwandtschaft [14)], denn der unentscheidbare Satz […] besagt ja, daß […] nicht beweisbar ist. Wir haben also einen Satz vor uns, der seine eigene Unbeweisbarkeit behauptet [15)].

Von Bedeutung ist Gödels Fußnote [15)], die belegt, dass der scheinbar zirkelhafte Satz **G** dennoch logisch einwandfrei gebildet ist:

15) Ein solcher Satz hat entgegen dem Anschein nichts Zirkelhaftes an sich, denn er behauptet zunächst die Unbeweisbarkeit einer ganz bestimmten Formel [...], und erst nachträglich (gewissermaßen zufällig) stellt sich heraus, daß diese Formel gerade die ist, in der er selbst ausgedrückt wurde.[120]

Unter Annahme der Widerspruchsfreiheit von **P** bewies Gödel mit der sog. *Diagonalisierungsmethode* (auf technische Details kann hier verzichtet werde), dass **G** unentscheidbar ist, d. h. weder **G** noch **nicht-G** sind beweisbar (somit P $\nvdash$ G und P $\nvdash$ $\neg$G). Da aber die *nicht-Beweisbarkeit* von **G** als Inhalt zugrunde liegt, ist **G** semantisch wahr, denn **G** ist syntaktisch nicht zu entscheiden. Daraus folgt unmittelbar der erste Unvollständigkeitssatz.

5.2 Der erste Gödelsche Unvollständigkeitssatz

Die obigen Ausführungen zu **G** belegen die Unvollständigkeit von **P**. Denn V*ollständigkeit* bedeutet, dass jede *wahre Aussage* φ, auch innerhalb des formalen Systems als *gültige Formel* bewiesen werden kann, d. h. $\vDash \varphi \rightarrow \vdash \varphi$. Dieser Schluss trifft aber auf **G** nicht zu. Anzumerken bleibt, dass hier die *semantische Unvollständigkeit* gemeint ist, die auch Gödel in seinem Abstrakt so anführte. Gödel bewies aber auch die *syntaktische Unvollständigkeit*, indem er für die Formel **G** syntaktisch zeigte, dass weder **G** noch die Negation von **G** gültige Formeln sind, immer unter Voraussetzung, dass **P** widerspruchsfrei ist (von Gödel leicht modifiziert zu ω-*widerspruchsfrei*).

Der *erste Unvollständigkeitssatz* (bei Gödel bezeichnet als *Satz VI*) lässt sich folgendermaßen formulieren, wobei Gödel für seinen Beweis die stärkere Annahme der ω-*Widerspruchsfreiheit* verwenden musste:

Jedes ω-widerspruchsfreie formale System, das die Peano Arithmetik $\mathbb{N}$ (+, •) der natürlichen Zahlen enthält, ist semantisch und syntaktisch unvollständig.

120 Gödel, 1931. Über formal unentscheidbare Sätze. S. 175. [Hinweis 14) besagt: „jede epistemologische Antinomie“ ist für Unentscheidbarkeit verwendbar. H. M.].

(Anmerkung: Es gibt syntaktisch vollständige Kalküle, die semantisch unvollständig sind.)

Die Konstruktion von G macht folgende Verallgemeinerung intuitiv plausibel:

Ein formales System, welches *selbstbezügliche* Formeln bilden und damit stark genug ist *über sich selbst sprechen zu können*, unterliegt der Gefahr der Unvollständigkeit. *Sprechen über sich selbst*, betrifft insbesondere die *Beweisbarkeit*, denn *beweisbar* heißt, über eigene Formeln zu urteilen, weshalb Hilbert die Metamathematik auch als *Beweistheorie* bezeichnete. Die *Selbstbezüglichkeit* wurden von Gödel 1934 in dem Artikel „*On undecidable propositions of formal mathematical systems*"[121] näher untersucht.

Gödel zeigte die Verallgemeinerung der Unvollständigkeit eines Kalküls, indem er alle Voraussetzungen für Satz VI analysierte:

> Beim Beweise von Satz VI wurden keine anderen Eigenschaften des Systems P verwendet als die folgenden:
>
> 1. Die Klasse der Axiome und die Schlußregeln (d. h. die Relation „unmittelbare Folge") sind rekursiv definierbar (sobald man die Grundzeichen in irgend einer Weise durch natürliche Zahlen ersetzt).
> 2. Jede rekursive Relation ist innerhalb des Systems P definierbar (im Sinn von Satz V).
>
> Daher gibt es in jedem formalen System, das den Voraussetzungen 1, 2 genügt und ω-widerspruchsfrei ist, unentscheidbare Sätze [...].[122]

Schon bald nach Gödels Publikation wusste man, dass *ω-widerspruchsfrei* durch *widerspruchsfrei* ersetzt werden kann. Barkley Rosser (1907–1989) bewies 1936 eine stärkere Fassung des ersten Unvollständigkeitssatzes. Er zeigte, dass jedes widerspruchsfreie formale System, das die Peano Arithmetik $\mathbb{N}(+,\bullet)$ der natürlichen Zahlen enthält, auch *syntaktisch unvollständig* (Synonym: *negationsunvollständig*) ist.

121 Gödel, 1934. Collected Works I. On undecidable propositions. S. 346ff.

122 Gödel, 1931. Über formal unentscheidbare Sätze. S. 190.

Das Hilbert Programm ist mit dieser Feststellung bereits gescheitert, denn in solchen Kalkülen kann die Beziehung $\vDash \varphi \rightarrow \vdash \varphi$ nicht für alle Formeln φ gelten, d. h. nicht jede Formel ist beweisbar oder widerlegbar. Hilberts Hoffnungen wurden nach 1930 enttäuscht, Axiomensysteme für die klassische Mathematik erstellen zu können, die sowohl *widerspruchsfrei* als auch *syntaktisch vollständig* sind. Noch schwerwiegender für das Hilbert Programm ist aber der zweite Unvollständigkeitssatz.

5.3 Der zweite Gödelsche Unvollständigkeitssatz

Gödels Satz XI, der letzte Beweis in seiner Publikation, wird heute als *zweiter Unvollständigkeitssatz* bezeichnet und lässt sich folgendermaßen formulieren:

Jedes Kalkül, das mindestens über die Ausdrucksstärke von P verfügt, kann seine eigene Widerspruchsfreiheit nicht beweisen, vorausgesetzt, das Kalkül ist in der Tat widerspruchsfrei.

Auch die Mengentheorie, die klassische Mathematik und alle höherstufigen Logikkalküle sind somit notwendigerweise unvollständig:

> Der ganze Beweis für Satz XI läßt sich wörtlich auch auf das Axiomensystem der Mengenlehre M und der klassischen Mathematik [68)] A übertragen und liefert auch hier das Resultat: Es gibt keinen Widerspruchslosigkeitsbeweis für M bzw. A, der innerhalb von M bzw. A formalisiert werden könnte, vorausgesetzt daß M bzw. A widerspruchsfrei ist.[123]

Satz XI ist ein Korollar, abgeleitet aus Satz VI (dem ersten Unvollständigkeitssatz). Der von Gödel *„nur skizzenhaft geführte Beweis von Satz XI"* sollte in einer anschließenden Zweitpublikation *„ausführlich dargestellt werden"*.[124] Zu dieser Publikation kam es jedoch nie, da die Fachwelt zwar überrascht war, aber überwiegend zustimmend auf Gödels Beweisführung reagierte.

123 Ebd. S. 197. [Fußnote [68)] verweist auf die Publikation: v. Neumann, 1927. *Zur Hilbertschen Beweistheorie*. Mathematische Zeitschrift, 26. H. M.].

124 Vgl. ebd. S. 198.

Originalzitate zu Gödels Beweisskizze sind hier im Text nicht hilfreich, Gödels Fachsprache ist zu komplex und unzeitgemäß. Die folgende knappe Formulierung der Beweisidee orientiert sich (mit angepasster Notation) an Fefermans Schrift ‚*The nature and significance of Gödel's incompleteness theorem*'[125].

1. Es wird angenommen, dass das Kalkül **P** widerspruchsfrei ist. (Gödels Einengung auf ω-*widerspruchsfrei* kann hier ignoriert werden.)
2. Die Aussage „**P** ist widerspruchsfrei" bedeutet semantisch, dass eine Formel niemals gleichzeitig mit ihrer Negation aus den Axiomen abgeleitet werden kann, d. h. $\vdash \varphi \rightarrow \nvdash \neg\varphi$. Das ist logisch äquivalent mit der Aussage: es gibt kein φ mit $\vdash \varphi \land \vdash \neg\varphi$.
3. Gödel konstruierte eine syntaktisch wohldefinierte Formel $\mathbf{Wfrei}_P$, die semantisch besagt, dass **P** widerspruchsfrei ist. In der arithmetischen Ebene (vergleichbar der Konstruktion von **G** in 5.1.4) widerspiegelt sich die Widerspruchsfreiheit als: $\mathbf{Wfrei}_P \Leftrightarrow \neg\mathbf{bew}([\varphi \land \neg\varphi])$. Anmerkung: Es besteht hier die Gefahr eines Missverständnisses. Die Definition der Formel $\mathbf{Wfrei}_P$ besagt nur, dass das Attribut ‚*Widerspruchsfreiheit von* ***P***' syntaktisch präzise formuliert werden kann. Damit ist jedoch kein Beweis über die tatsächliche Widerspruchsfreiheit von ganz **P** getätigt.
4. Der erste Unvollständigkeitssatz besagt, dass aus der Widerspruchsfreiheit von **P** die Unentscheidbarkeit von **G** folgt. Diesen logischen Schluss $\mathbf{Wfrei}_P \rightarrow \mathbf{G}$ konnte Gödel syntaktisch gültig beweisen, d. h. $\vdash (\mathbf{Wfrei}_P \rightarrow \mathbf{G})$.
5. Angenommen die Formel $\mathbf{Wfrei}_P$ wäre beweisbar, dann wäre auch **G** beweisbar, was aber einen Widerspruch zu dem ersten Unvollständigkeitssatz darstellen würde. (Die Annahme, dass $\neg\mathbf{Wfrei}_P$ beweisbar sei, führt zum selben Ergebnis.) Daraus folgt, dass $\mathbf{Wfrei}_P$ unentscheidbar ist, obwohl die Widerspruchsfreiheit von **P** in die Voraussetzung einging.

125 Vgl. Feferman, 2006b. Nature and significance. S. 9f.

Die Widerspruchsfreiheit grundlegender formaler Systeme nicht beweisen zu können war der gravierendste Schlag für das Hilbert Programm.

5.4 Reaktionen auf Gödels Publikation

Die *Gödelschen Unvollständigkeitsbeweise* hatten eine außerordentliche Wirkung auf Mathematik, Logik, Informatik, Sprachtheorie und Philosophie. Viele Auswirkungen sind bis heute nicht ausreichend analysiert oder werden in Fachkreisen kontrovers diskutiert.

> Die Meinungen zu der Frage, welche Bedeutung die Gödelschen Sätze für das Hilbertprogramm haben, waren und sind vielfältig. Sie waren es schon bei den Protagonisten, die an den historischen Entwicklungen selbst unmittelbar beteiligt waren [...] und sie sind es bis heute in der Sekundärliteratur [...].[126]

In diesem Abschnitt werden Reaktionen bedeutender Protagonisten des Hilbert Programms auf Gödels Publikation nach 1931 angeführt, insbesondere die eigene Einschätzung von Gödel.

Reaktionen von Kurt Gödel

Gödel bekannte sich früh zu den Zielsetzungen des Hilbert Programms. Es ist bemerkenswert, dass Gödel noch in seiner wegweisenden Publikation eine Unvereinbarkeit mit Hilberts Programmvorstellungen verneinte. Er schrieb zum Abschluss seiner Beweise:

> Es sei ausdrücklich bemerkt, daß Satz XI (und die entsprechenden Resultate über M, A) in keinem Widerspruch zum Hilbertschen formalistischen Standpunkt stehen. Denn dieser setzt nur die Existenz eines mit finiten Mitteln geführten Widerspruchsfreiheitsbeweises voraus und es

126 Tapp, 2013. Grenzen des Endlichen. S. 308.

wäre denkbar, daß es finite Beweise gibt, die sich in P (bzw. M, A) nicht darstellen lassen.[127]

Feferman vertritt die Ansicht, dass Gödel ausgesprochen vorsichtig bei der Bewertung des zweiten Unvollständigkeitssatzes war.[128] Um allerdings das Hilbert Programm zu retten, also die Konsistenz der Arithmetik, Mengenlehre etc. aus eigenen Mitteln zu sichern, müssten neue, erweiterte finitistische Beweismethoden eingeführt werden. Es ist nicht vorstellbar, dass der Logiker Gödel diese Schwierigkeiten nicht vorhersah, stattdessen aber (seinem scheuen und zurückhaltenden Charakter entsprechend) sehr abwägend und versöhnlich argumentierte. Immerhin war Hilbert einer der bedeutendsten Mathematiker seiner Zeit und das Hilbert Programm ein weitentwickeltes Forschungsvorhaben zur Rettung der Grundlagen der Mathematik und Logik.

Reaktionen von David Hilbert

Hilbert war nach Gödels Publikation sehr betroffen. Feferman schreibt, dass Hilbert nie Kontakt zu Gödel aufnahm und ihm auch nicht für die vielen Erfolge gratulierte, die Gödel für das Programm beitrug.

Immerhin wurden bedeutende Probleme des Hilbert Programms von Gödel erfolgreich gelöst oder einer Lösung nähergebracht. Dazu zählen u. a.:

1. Die Vollständigkeit von **PL1** wurde bewiesen
2. Die Unabhängigkeit der Axiome von **PL1** wurde bewiesen
3. Die Unvollständigkeit von **P** wurde demonstriert
4. Die Nichtbeweisbarkeit der Konsistenz von **P** wurde gezeigt
5. Das *Kontinuum-Problem* wurde logisch eingegrenzt.

Both of these [Probleme **1.** und **2.** oben; H. M.] deserved Hilbert's approbation, but not a word passed from him in public or in writing at the

127 Gödel, 1931. Über formal unentscheidbare Sätze. S. 197. [Mit M u. A bezeichnete Gödel die Mengentheorie und klassische Mathematik. Satz XI ist der 2. Unvollständigkeitssatz. H. M.]. [Ein Vergleich mit Fußnote 78 bietet sich an. H.M.]

128 Vgl. Feferman, 1993. What rests on what? S. 149.

time. In fact, there are no communications between Hilbert and Gödel and they never met. Perhaps the second incompleteness theorem on the unprovability of consistency of a system took Hilbert by surprise. We don't know exactly what he made of it, but we can appreciate that it might have been quite disturbing, for he had invested a great deal of thought and emotion in his finitary consistency program which became problematic as a result.[129]

Reaktionen von John von Neumann

J. v. Neumann akzeptierte Gödels Beweise sofort. Noch 1930 und vor Erscheinen der Publikation korrespondierte er brieflich mit Gödel und bestätigte die Ergebnisse des zweiten Unvollständigkeitssatzes. J. v. Neumann hielt daraufhin und noch Jahre später das Hilbert Programm für gescheitert. Obwohl er in den 1920er Jahren an Hilberts Beweistheorie aktiv mitgearbeitet hatte, zog er sich von der Logik zurück und wandte sich der Entwicklung der Computersysteme und der mathematischen Spieltheorie zu.

Reaktionen von Paul Bernays

Hilberts Mitarbeiter und ehemaliger Schüler Bernays unterhielt zu Gödel weiterhin einen menschlich schönen und wissenschaftlich fruchtbaren Fachaustausch. Raatikainen schreibt über Bernays Interesse an Gödels Publikation:

> Paul Bernays, perhaps the most important collaborator of Hilbert, showed great interest in the results [der Unvollständigkeitssätze; H. M.], though he first had difficulties in understanding them properly. His active correspondence with Gödel also shows that Gödel was already at the time fully aware of the undefinability of truth.[130]

129 Feferman, 2008. Lieber Herr Bernays!, Lieber Herr Gödel! S. 180.

130 Raatikainen, 2021. Gödel's Incompleteness Theorems. Stanford Encyclopedia. § 5.

Feferman betont die menschliche Annäherung der beiden Logiker:

> Of incidental personal note is the change in salutations that also took place in 1931: where, in the first few letters, Bernays was addressed as „Sehr geehrter Herr Professor!" and Gödel as „Sehr geehrter Herr Dr. Gödel!" these now became „Lieber Herr Bernays!" and „Lieber Herr Gödel!" respectively, and so remained throughout their correspondence thenceforth.[131]

Anmerkung: 1939 veröffentlichten Hilbert und Bernays in der 2. Auflage „*Die Grundlagen der Mathematik*" die detaillierte Ableitung des zweiten Unvollständigkeitsbeweises von **P**, den Gödel 1931 noch als „*nur skizzenhaft geführte*[n] *Beweis von Satz XI*"[132] erklärt hatte.

131 Feferman, 2008. Lieber Herr Bernays!, Lieber Herr Gödel! S. 185.

132 Siehe Text zu Fußnote 124.

6 Resümee und Ausblick auf die Gegenwart

Unsere historisch-wissenschaftstheoretische Wanderung vom Beginn der Grundlagenkrise der Mathematik ab ca. 1875 ausgelöst durch mengentheoretische Arbeiten Georg Cantors, über Rettungsversuche der Trias *Logizismus*, *Intuitionismus* und *Formalismus*, endet in dieser Schrift mit den 1931 von Kurt Gödel bewiesenen Unvollständigkeitssätzen. Diese werden allerdings häufig und grob populärwissenschaftlich fehlinterpretiert:

> [...] Gödels Erkenntnisse besagen nicht, dass es ewig unerkennbare mathematische Wahrheiten gäbe, wie Gödel oft fälschlich und mystifizierend interpretiert wird. Seine Beweise zeigen aber, dass die menschlichen Denkprozesse nie vollständig in einem umfassenden System zu erfassen sind. Es liegt hier eine objektiv vorhandene *logische Unschärferelation* vor. Diese Erkenntnis spricht aber für unsere Kreativität, diese logische Unschärfe nicht nur zu erkennen, sondern über die Beschränktheit hinaus kreativ denken zu können. Dies kann durch informelle Schlüsse geschehen, die dann auf einer neuen Stufe formalisiert und ggf. evident bewiesen werden. Auch wenn das menschliche Gehirn seine absolute, objektive (nicht nur subjektive!) Grenze hat, so scheint es doch ein besonderes Vermögen zu besitzen, das mit einem festen, formalen Programm nicht vergleichbar ist.[133]

Es ist unbezweifelbar, dass die Unvollständigkeitssätze die Mathematik, Logik, Informatik, Sprachtheorie und die Philosophie in der Folgezeit nach 1931 stark prägten. Insbesondere die theoretische Informatik und Computertechnologien sind eng verbunden mit den Ergebnissen der Mathematik und Logik aus dieser

133 Mayer, 2015. Von David Hilberts ehrgeizigem Programm zu den Gödelschen Unvollständigkeitssätzen. S. 151.

Zeit. Als bedeutende Pioniere der theoretischen EDV sind weiterhin neben Gödel und J. v. Neumann vor allem Alan Turing (1912–1954) und Alonzo Church (1903–1995) mit Forschungen über *Berechenbarkeit* und *Entscheidbarkeit* und deren Grenzen in formalen Systemen zu nennen. Turing entwarf das Konzept eines idealen Computers mit unbegrenztem Speicher (die sog. „*Turing Maschine*"), während Church u. a. ein theoretisches Modell für *universelle Berechenbarkeit* (das sog. „*Lambda-Kalkül*") entwickelte. Mit völlig unterschiedlichen Methoden wurden so die Gödelschen Unvollständigkeitssätze aufs Neue bewiesen.

Im Ausklang dieser Arbeit drängt sich die philosophische Frage auf, welche Bedeutung die Gödelschen Unvollständigkeitssätze heute für die Grundlegung der Mathematik und für das Hilbert Programm haben. Diese Frage ist insofern philosophisch, da Mathematik und Logik einen wesentlichen Kernbereich unserer Denkstruktur bilden (und sei es auch nur ein Kernbereich). Aus diesem Blickwinkel betrachtet beinhalten die Unvollständigkeitssätze eine Schranke und eine außerordentliche Zumutung für unser Denkvermögen.

> Und absolute Schranken stellen immer ein philosophisches Problem dar, insbesondere dann, wenn das Denken selbst universell betroffen ist.[134]

Unsere Sinneswahrnehmung ist finit, Grundpostulat der intuitionistischen Mathematik. Auch das Hilbert Programm (oft als Finitismus bezeichnet) bemühte sich mit finiten Mitteln auszukommen und die *anschauliche Evidenz* unseres Denkens und Handelns in den Vordergrund zu stellen. Die Unvollständigkeitssätze zeigen jedoch, dass es unmöglich ist, das mathematische Denken, das Unendlichkeitsstufen erfassen muss, mit finiten Mitteln zu erschöpfen. Es handelt sich hier philosophisch betrachtet um eine *Unvollständigkeit unseres Denkvermögens*, gewissermaßen um eine „*logische Unschärferelation formalisierter Gedankensysteme*". Diese entsteht durch die Notwendigkeit (gewissermaßen die *Kantische Dialektik*), dass wir vom begrenzten Anschaulichen zum

134 Ebd. S. 141.

Transfiniten immer tiefer fortschreiten können und müssen (vgl. Fußnote 68). Diesen Aspekt formulierte Gödel 1958 mathematisch wie auch philosophisch:

> Da die finite Mathematik als die der *anschaulichen* Evidenz definiert ist,[2] so bedeutet das […], dass man für den Widerspruchsfreiheitsbeweis der Zahlentheorie gewisse *abstrakte* Begriffe braucht. Dabei sind unter abstrakten (oder nicht anschaulichen) Begriffen solche zu verstehen, die wesentlich von zweiter oder höherer Stufe sind, das heisst, die nicht Eigenschaften oder Relationen *konkreter Objekte* (z. B. von Zeichenkombinationen) beinhalten, sondern sich auf *Denkgebilde* (z. B. Beweise, sinnvolle Aussagen usw.) beziehen, wobei in den Beweisen Einsichten über die letzteren gebraucht werden, die sich nicht aus den kombinatorischen (raumzeitlichen) Eigenschaften der sie darstellenden Zeichenkombinationen, sondern nur aus deren *Sinn* ergeben.[135]

Obiges Zitat versucht die *Unvollständigkeit* beim Übergang vom Anschaulichen zum Abstrakten verständlich zu machen und ist damit verwandt mit dem *Undefinierbarkeitssatz von Tarski* um 1936. Dieser besagt kurzgefasst, dass Beweise und die Gültigkeit in der Syntax zwar formal zu fassen und zu definieren sind, nicht aber die korrespondierenden inhaltlichen, semantischen Beweise und der Begriff „*Wahrheit*".

Strenggenommen und mit J. v. Neumann gesprochen (s. Abschnitt 5.4) ist das Hilbert Programm als gescheitert anzusehen. Selbst die elementare Zahlentheorie (Grundbaustein der gesamten höheren Mathematik!) mit ihren simplen Operatoren ‚*plus*' und ‚*mal*' ist syntaktisch und semantisch unvollständig und ihre Konsistenz ist unbeweisbar (falls sie wirklich widerspruchsfrei ist).

Das Erstaunliche und Bewundernswerte unserer abstrakten Denkfähigkeit aber ist, dass wir streng mathematisch beweisen können, dass die Mathematik selbst unbeweisbar ist.

Der Philosoph und Logiker W. V. Quine (1908–2000) formulierte dies Wissen über unser Wissen folgendermaßen:

135 Gödel, 1958. Collected Works II. 1938–1974. Über eine finite Erweiterung. S. 240. [Verweis [2] referiert auf Hilbert, 1926. Über das Unendliche. H. M.].

> Now if in view of Gödel's result our knowledge about number is subject to unexpected limitations, the very opposite is true of our knowledge about such knowledge. One of the few things more surprising than the incompletability of elementary number theory is the fact that such incompletability can actually have become known to us.[136]

Die *Unvollständigkeit* kann zusammenfassend und philosophisch aus verschiedenen Blickwinkeln betrachten werden:

1. Gödel sah (s. Zitat zu Fußnote 12) den „*wahren Grund für die Unvollständigkeit*" darin, dass sich die Bildung immer höherer Denkstrukturen („*Typen*") ins Unendliche („*Transfinite*") fortsetzen lässt. Mathematisch vergleichbar (aber philosophisch tiefer formuliert) drückte Gödel diesen Sachverhalt ein Vierteljahrhundert später in obigem Zitat (Fußnote 135) aus.
2. Die Mathematik ist *unerschöpflich*, denn Unvollständigkeit bedeutet, dass sich nicht alle ihre Theoreme mit eigenen Mitteln beweisen lassen. Dies aber erfordert immer neue Erweiterungen an Axiomen und/oder Beweismethoden, will man die ehemals unbeweisbaren Theoreme doch noch logisch deduzieren. Um dieses zu verdeutlichen wurde in Abschnitt 4.2 (s. Text zu Fußnote 78) der Ansatz von Gerhard Gentzen geschildert, durch Erweiterung der Hilfsmittel die Widerspruchsfreiheit der Arithmetik zu beweisen.
3. *Unerschöpflich* erscheint selbst die *mathematische Methodologie*, wie neue Axiomensysteme zu wählen, welche Axiome zu bevorzugen sind und wie die Beweistheorie zu modifizieren ist. Diese Fragen werden nicht nur nach rein logisch-mathematischen Kriterien entschieden, sondern auch nach der jeweiligen Grundphilosophie, wie vertreten vom Formalismus, Logizismus, Intuitionismus, Konstruktivismus, Finitismus oder Transfinitismus.
4. Dadurch ist die Mathematik *unerschöpflich* im Sinne einer kreativen, grenzenlosen Kunst, die gezwungen ist, ihre ‚*Schatzkammer an*

136 Quine, 1982. Methods of Logic. S. 218.

> *abstrakten Formen und Modellen*‘ kontinuierlich zu erweitern. Die Mathematik ist unerschöpflich und unvollständig wie das Denken selbst (s. Fußnote 137 unten).

Das Hilbert Programm ist zurecht grundlegend in der Ausbildung heutiger Schüler und Mathematiker an Schulen und Universitäten, leider aber oft ohne Benennung seiner intrinsisch-logischen wie erkenntnistheoretischen Grenzen. Das Wesen von Mathematik und Logik und deren Beziehungen zu unseren kognitiven Denkstrukturen kann aber wissenschaftlich nur unter Einbeziehung der Beschränkungen verstanden werden, die durch die Gödelschen Unvollständigkeitssätze aufgezeigt sind.

Die philosophischen Auswirkungen und die kognitive Bedeutung der Gödelschen Unvollständigkeitssätze werden bis heute kontrovers diskutiert. Hierzu eine persönliche Anmerkung vom Verfasser dieser Arbeit:

Ich selbst habe 40 bis 45 Jahre nach Gödels bahnbrechender Publikation in Heidelberg, Berlin und Oxford Mathematik studiert. Während dieser Zeit war der Name ‚Hilbert‘ allgegenwärtig. Da gab es die *Hilbert Räume*, den *Hilbertschen Basissatz*, den *Hilbertschen Nullstellensatz*, *Hilberts Axiomensysteme der Geometrie*, diverse Probleme aus *Hilberts Proklamation in Paris* und natürlich das *Hilbert Programm*. Während dieser Zeit blieben jedoch Namen und Begriffe wie ‚*Gödel*‘ oder ‚*Unvollständigkeit*‘ unerwähnt, obwohl mein Studium theorielastig angelegt war. Ich ziehe daraus folgende Schlussfolgerung:

Das *Hilbert Programm* lebt in der angewandten Mathematik sehr erfolgreich weiter ungeachtet der Gödelschen Analysen. Die theoretische und die angewandte Mathematik gehen unterschiedliche Wege. Die technische Welt der *praktischen Mathematik* feiert trotz der Unvollständigkeitssätze größte Erfolge. Astronauten docken auf den Zentimeter genau an Raumkapseln an, obwohl es noch nicht einmal für das *Drei-Körperproblem der Anziehungskräfte* eine geschlossene analytische Lösung gibt. Dennoch wird das allgemeine N-Körperproblem in der Praxis adäquat über Simulationen gemeistert. Weitere Beispiele sind selbstfahrende/-fliegende Verkehrsmittel, „intelligente“ Waffensysteme und alle sich selbst optimierende Systeme. Die *künstliche Intelligenz* (KI) unterstützt bereits jetzt unser tägliches Leben mit anwachsender Intensität. Wer solche Algorithmen zum Laufen bringt, wird nicht (und braucht nicht) über Gödels Unvollständigkeitssätze nachzugrübeln.

Die mathematische Grundlagenkrise bleibt somit auf hohem Niveau ungelöst und das Hilbert Programm ist streng theoretisch beweisbar gescheitert. Die Praxis aber scheint davon völlig unberührt zu sein. Vermutlich sind es die erstaunlichen Erfolge der Technik, Informatik und KI, die es gestatten, die *Unvollständigkeit der Mathematik* zu verdrängen. Vielleicht haben die Intuitionisten mit Immanuel Kant recht, dass Mathematik mehr dem vielschichtigen Denken als der exakten Naturbeschreibung nahekommt. Hier kann man sich mit Albert Einstein nur wundern, wie es möglich ist, dass Mathematik so vortrefflich auf die Gegenstände der Wirklichkeit anwendbar ist.

Feferman bringt dies augenzwinkernd zum Ausdruck, wenn er bezüglich der Gödelschen Theoreme feststellt:

> To return to mathematics, whatever its relevance to practice, Gödel's theorem convincingly demonstrates the *in principle inexhaustibility of pure mathematics* in the sense of the never ending need for new axioms, and it invites us to ponder the question: *just what axioms for mathematics ought to be accepted and why*? That is really a philosophical question, and like most important philosophical questions, has no answer commanding universal agreement. Meanwhile, mathematics, like life, goes on without it.[137]

137 Feferman, 2006b. Nature and significance. S. 16.

7 Literaturverzeichnis

*) zeigt an, dass die Referenz im Text explizit aufgeführt ist.

ARISTOTELES. (1995). *Aristoteles Philosophische Schriften in sechs Bänden.* (H. G. Zekl, Übers.) Hamburg: Felix Meiner Verlag. *)

CANTOR, G. (1895). Beiträge zur Begründung der transfiniten Mengenlehre. *Mathematische Annalen, 46*, S. 481–512. *)

CARNAP, R. (1934). Die Antinomien und die Unvollständigkeit der Mathematik. *Monatshefte für Mathematik und Physik*, S. 263–284.

CARNAP, R. (1973). *Grundlagen der Logik und Mathematik.* (W. Hoering, Hrsg.) München: Nymphenburger Verlagshandlung. *)

CARNAP, R. (1974). *Einführung in die Philosophie der Naturwissenschaften* (2 Ausg.). (M. Gardner, & W. Hoering, Hrsg.) München: Nymphenburger Verlagshandlung. *)

CARRARA, M., & MARTINO, E. (2021). A Note on Gödel, Priest and Naïve Proof. *Logic and Logical Philosophy.*(Vol. 30), S. 79–96.

CHENG, Y. (2021). Current research on Gödel's incompleteness theorems. *The Bulletin of Symbolic Logic, 27, No. 2*, S. 113–167. *)

ENGELEN, E. M. (2021). Rudolf Carnap und Kurt Gödel: Die beiderseitige Bezugnahme in ihren philosophischen Selbstzeugnissen. In C. Damböck, & G. Wolters (Hrsg.), *Der junge Carnap in historischem Kontext: 1918–1935 (Veröffentlichungen Instit. Wiener Kreis)* (S. 223–242). Springer Nature Switzerland AG.

FEFERMAN, S. (1993). What rests on what? The proof-theoretic analysis of mathematics. In J. Czermak (Hrsg.), *Philosophy of mathematics. Proceedings of the 15th International Wittgenstein-Symposium, Part 1* (S. 147–171). Vienna: Hölder-Pichler-Tempsky. *)

FEFERMAN, S. (2006a). The impact of the incompleteness theorems on mathematics. *Notices of the AMS, Vol. 53, No. 4*, S. 434–439.

FEFERMAN, S. (2006b). The nature and significance of Gödel's incompleteness theorems. *Institute for Advanced Study, Princeton. Gödel Centenary Program. Friday, Nov. 17, 2006.* Abgerufen am 21. 02. 2022 von https://math.stanford.edu/~feferman/papers/Godel-IAS.pdf. *)

FEFERMAN, S. (2008). Lieber Herr Bernays!, Lieber Herr Gödel! Gödel on finitism, constructivity and Hilbert's program. *Dialectica: Special Issue: Gödel's dialectica Interpretation* (Vol. 62, No. 2), S. 179–203. *)

FREGE, G. (1988). *Die Grundlagen der Arithmetik* (1884, 1. Ausg.). (C. Thiel, Hrsg.) Hamburg: Felix Meiner. *)

GENTZEN, G. (1936). Die Widerspruchsfreiheit der reinen Zahlentheorie. *Mathematische Annalen, 112*, S. 493–565. *)

George, A., & Velleman, D. J. (2018). *Zur Philosophie der Mathematik. Logizismus, Intuitionismus, Finitismus, Gödel'sche Unvollständigkeitssätze.* Berlin, Heidelberg: Springer Spektrum.

Gödel, K. (1929–1936). *Collected Works. Volume I. Publications 1929–1936* (Bd. 1). (S. Feferman, Hrsg.) New York, Oxford: Oxford University Press (1986). *)

Gödel, K. (1930). Die Vollständigkeit der Axiome des logischen Funktionenkalküls. *Monatshefte für Mathematik und Physik. 37*, S. 349–360. *)

Gödel, K. (1931). Über formal unentscheidbare Sätze der Principia Mathematica und verwandter Systeme I. *Monatshefte für Mathematik und Physik. 38*, S. 173–198. *)

Gödel, K. (1934). On undecidable propositions of formal mathematical systems. In S. Feferman (Hrsg.), *Kurt Gödel. Collected Works. Volume I. Publications 1929–36.* (S. 346–371). New York: Oxford University Press. *)

Gödel, K. (1938–1974). *Collected Works. Volume II. Publications 1938–1974.* (Bd. 2). (S. Feferman, Hrsg.) New York, Oxford: Oxford University Press (1990). *)

Gödel, K. (1940). The consistency of the axiom of choice and of the generalized continuum hypothesis with the axioms of set theory. In S. Feferman (Hrsg.), *Kurt Gödel. Collected Works. Volume II. Publications 1938–1974.* (S. 33–101). New York: Oxford University Press (1990). *)

Gödel, K. (1944). Russell's mathematical logic. In S. Feferman, *Kurt Gödel. Collected Works. Volume II. Publications 1938–1974* (S. 119–141). New York, Oxford: Oxford University Press (1990). *)

Gödel, K. (1958). Über eine bisher noch nicht benützte Erweiterung des finiten Standpunktes. In S. Feferman, *Kurt Gödel Collected Works. Volume II. Publications 1938–1974* (S. 240–251). New York, Oxford: Oxford University Press (1990). *)

Gödel, K. (1995). *Collected Works. Volume III. Unpublished essays and lectures* (Bd. 3). (S. Feferman, Hrsg.) New York, Oxford: Oxford University Press.

Hilbert, D. (1899). Grundlagen der Geometrie. In K. Volkert, *David Hilbert. Grundlagen der Geometrie (Festschrift 1899)* (S. 76–168). Berlin, Heidelberg: Springer Spektrum (2015). *)

Hilbert, D. (1900a). Mathematische Probleme. Vortrag, gehalten auf dem internationalen Mathematiker-Kongreß zu Paris 1900. In *Nachrichten von der Königl. Gesellschaft der Wissenschaften zu Göttingen. Mathematisch-physikalische Klasse aus dem Jahre 1900* (S. 253–297). Göttingen: Commissionsverlag der Dieterich'schen Universitätsbuchhandlung. Lüder Horstmann. *)

Hilbert, D. (1900b). Über den Zahlbegriff. *Jahresbericht der Deutschen Mathematiker-Vereinigung*(8), S. 180–184.

Hilbert, D. (1902). Ueber die Grundlagen der Geometrie. *in: Nachrichten von der Gesellschaft der Wissenschaften zu Göttingen. Mathematisch-Physikalische Klasse*, S. 233–241.

Hilbert, D. (1905). Über die Grundlagen der Logik und der Arithmetik. In A. Krazer (Hrsg.), *Verhandlungen des 3. Internationalen Mathematiker-Kongresses in Heidelberg 1904. Heidelberger Texte zur Mathematikgeschichte.* (S. 174–185). Leipzig: Teubner. *)

Hilbert, D. (1918). Axiomatisches Denken. *Mathematische Annalen. 78*, S. 405–415. *)

Hilbert, D. (1922). Neubegründung der Mathematik. Erste Mitteilung. In *David Hilbert Gesammelte Abhandlungen. 3. Bd.* (S. 157–177). Berlin: Verlag v. Julius Springer (1935). *)

Hilbert, D. (1923). Die logischen Grundlagen der Mathematik. *Mathematische Annalen, Bd. 88*, S. 151–165. *)

Hilbert, D. (1926). Über das Unendliche. *Mathematische Annalen, 95*, S. 161–190. *)

Hilbert, D. (1928). *Die Grundlagen der Mathematik (Vortrag gehalten 1927 in Hamburg).* Wiesbaden: Springer Fachmedien. *)

Hilbert, D. (1930). Probleme der Grundlegung der Mathematik. Vortrag gehalten auf dem Internationalen Mathematiker-Kongress Bologna 1928. *Mathematische Annalen*(102), S. 1–9.

Hilbert, D. (2013). *David Hilbert's Lectures on the Foundations of Arithmetic and Logic 1917–1933.* (W. Ewald, & W. Sieg, Hrsg.) Berlin, Heidelberg: Springer-Verlag. *)

Hilbert, D., & Ackermann, W. (1967). *Grundzüge der theoretischen Logik* (5. Ausg.). Berlin, Hamburg, New York: Springer-Verlag. *)

Hilbert, D., & Bernays, P. (1939). *Grundlagen der Mathematik* (2. Ausg.). Berlin, Heidelberg, New York: Springer Verlag. *)

Hoffmann, D. W. (2017). *Die Gödel'schen Unvollständigkeitssätze. Eine geführte Reise durch Kurt Gödels historischen Beweis.* (2. Ausg.). Heidelberg, Berlin: Springer Spektrum. *)

Hofstadter, D. R. (1985). *Gödel, Escher, Bach. Ein endloses geflochtenes Band* (6. Ausg.). (Wolff-Windegg, & Feuersee, Übers.) Stuttgart: Klett Cotta.

Kant, I. (1990). *Kritik der reinen Vernunft* (1781, 1787 Ausg.). Hamburg: Felix Meiner Verlag GmbH. *)

Linsky, B., & Andrew, D. I. (2022, Spring Edition). *Principia Mathematica.* (E. N. Zalta, Hrsg.) Abgerufen am 03. 03. 2022 von The Stanford Encyclopedia of Philosophy: <https://plato.stanford.edu/archives/spr2022/entries/principia-mathematica/>. *)

Mayer, H. W. (2015). Von David Hilberts ehrgeizigem Programm einer axiomatisch-mathematischen Formalisierung der Weltzusammenhänge zu den Gödelschen Unvollständigkeitssätzen. In K. Berr, & J. H. Franz (Hrsg.). *Bd.1: Philosophie, Naturwissenschaft und Technik*, S. 141–152. Berlin: Frank & Timme GmbH. *)

Nagel, E., & Newman, J. R. (1958). *Gödel's Proof.* New York: New York University Press.

Niebergall, K.-G. & Schirn, M. (2002). Hilbert's Programme and Gödel's Theorems. *Dialectica Vol. 56, No. 4*, S. 347–370.

Quine, W. V. (1982). *Methods of Logic* (4 Ausg.). Cambridge Massachusetts: Harvard University Press. *)

Raatikainen, P. (2003). Hilbert's Program Revisited. *Synthese & History of Logic* (Vol. 137, No. 1/2), S. 157–177.

Raatikainen, P. (2021, Spring Edition). *Gödel's Incompleteness Theorems.* (E. N. Zalta, Hrsg.) Abgerufen am 05. 01. 2022 von The Stanford Encyclopedia of Philosophy: RL=<https://plato.stanford.edu/archives/spr2021/entries/goedel-incompleteness/> *)

Rodych, V. (2003). Misunderstanding Gödel: New Arguments about Wittgenstein and New Remarks by Wittgenstein. *Dialectica Vol. 57, No. 3,* S. 279–313.

Russell, B. (1996). *The Principles of Mathematics* (1903, 1. Ausg.). (J. G. Slater, Hrsg.) London: Routledge.

Russell, B. (2006). *Einführung in die mathematische Philosophie* (1919, 1. Ausg.). (J. Lenhard, & M. Otte, Hrsg.) Hamburg: Felix Meiner Verlag. *)

Segre, M. (^{9}1994). Peano's Axioms in their Historical Context. *Archive for History of Exact Sciences, 48, No. 3/4,* S. 201–342.

Sieg, W. (1988). Hilbert's Program Sixty Years Later. *The Journal of Symbolic Logic* (Vol. 53, No. 2), S. 338–348.

Sieg, W. (1999). Hilbert's Programs: 1917–1922. *The Bulletin of Symbolic Logic.* (Vol. 5, No. 1), S. 1–44. *)

Smullyan, R. (1992). *Gödel's Incompleteness Theorems.* New York, Oxford: Oxford University Press.

Stegmüller, W. (1973). *Unvollständigkeit und Unentscheidbarkeit. Die metamathematischen Resultate von Gödel, Church, Kleene, Rosser und ihre erkenntnistheoretische Bedeutung.* Wien, New York: Springer-Verlag. *)

Stegmüller, W. (1976). *Hauptströmungen der Gegenwartsphilosophie. Eine kritische Einführung. Band I.* Stuttgart: Alfred Kröner Verlag. *)

Stillwell, J. (2004). Emil Post and His Anticipation of Gödel and Turing. *Mathematics Magazine/Mathematical Association of America* (Vol. 77, No. 1), S. 3–14.

Stillwell, J. (2014). *Wahrheit, Beweis, Unendlichkeit. Eine mathematische Reise zu den vielseitigen Auswirkungen der Unendlichkeit.* (R. Girgensohn, Übers.) Berlin, Heidelberg: Springer Spektrum. *)

Tapp, C. (2013). *An den Grenzen des Endlichen. Das Hilbertprogramm im Kontext von Formalismus und Finitismus.* (D. E. Rowe, & K. Volkert, Hrsg.) Berlin, Heidelberg: Springer Spektrum. *)

v. Neumann, J. (1927). Zur Hilbertschen Beweistheorie. *Mathematische Zeitschrift, 26,* S. 1–46. *)

Volkert, K. (2015). *David Hilbert. Grundlagen der Geometrie (Festschrift 1899).* Berlin, Heidelberg: Springer Spektrum. Springer-Verlag. *)

Waismann, F. (1970). *Einführung in das mathematische Denken* (3. Ausg.). München: Deutscher Taschenbuch Verlag. *)

Zach, R. (2019, Fall Edition). *Hilbert's Program.* (E. N. Zalta , Herausgeber) Abgerufen am 19. 04. 2022 von The Stanford Encyclopedia of Philosophy: URL=<https://plato.stanford.edu/archives/fall2019/entries/hilbert-program/> *)

Danksagung

Die vorliegende Schrift basiert auf meiner 2022 geschriebenen Masterarbeit in theoretischer Philosophie an der FernUniversität in Hagen. Ich möchte mich für die hilfreiche Betreuung und wichtige Hinweise bei Herrn PD Dr. Jens Lemanski, Frau Dr. Andrea Reichenberger und Herrn PD Dr. Timm Lampert bedanken.

Herzlich danke ich Herrn Prof. Jürgen Franz, der mich immer wieder ermutigte, die Masterarbeit zu schreiben und in Buchform zu veröffentlichen.

Dem Verlag Frank & Timme danke ich für die freundliche und hilfreiche Unterstützung beim Redigieren und bei der Veröffentlichung dieses Buches. Speziell möchte ich Herrn Oliver Renner danken, der die gesamte Formatierung mit komplizierten mathematischen Formeln leistete.

Meiner Schwester Angelika Schuhmacher danke ich ganz herzlich für ihr gründliches Korrekturlesen meiner Masterarbeit. Sie hat mir liebevoll blinde Flecken aufgezeigt, die sich in Inhalt, Ausdruck oder Grammatik eingeschlichen haben.

Meiner lieben Frau Stepanka verdanke ich, dass dieses Buch überhaupt erscheinen konnte. Sie empfahl mir diverse „Verständnisbrücken", um den schwierigen Text verständlich zu machen und unterstützte mich liebevoll bei der Niederschrift, obwohl gemeinsame Aktivitäten wie Wandern, Sport, Kultur leiden mussten. Ich bin Dir dankbar, Du meine Liebe, und gelobe Besserung!

Im April 2023
Hartmut W. Mayer

PHILOSOPHIE, NATURWISSENSCHAFT UND TECHNIK

Bd. 1 Karsten Berr/Jürgen H. Franz (Hg.): Prolegomena – Philosophie, Natur und Technik. 234 Seiten. ISBN 978-3-7329-0160-9

Bd. 2 Helga Spriestersbach: Die Substanz bei Spinoza und Leibniz. 126 Seiten. ISBN 978-3-7329-0200-2

Bd. 3 Ingo Reiss: Das Verhältnis von Mathematik und Technik bei Nikolaus von Kues. 102 Seiten. ISBN 978-3-7329-0264-4

Bd. 4 Jürgen H. Franz/Karsten Berr (Hg.): Welt der Artefakte. 238 Seiten. ISBN 978-3-7329-0291-0

Bd. 5 Jürgen H. Franz: Nikolaus von Kues – Philosophie der Technik und Nachhaltigkeit. 150 Seiten. ISBN 978-3-7329-0369-6

Bd. 6 Markus Dangl: Naturalistische und eliminative Erkenntnistheorien. Eine Kritik. 106 Seiten. ISBN 978-3-7329-0423-5

Bd. 7 Torsten Nieland (Hg.): Erscheinung und Vernunft – Wirklichkeitszugänge der Aufklärung. 292 Seiten. ISBN 978-3-7329-0520-1

Bd. 8 Friedrich Reinhard Schmidt: Das ist der Mensch. 142 Seiten. ISBN 978-3-7329-0556-0

Bd. 9 Karsten Berr/Jürgen H. Franz (Hg.): Zukunft gestalten – Digitalisierung, Künstliche Intelligenz (KI) und Philosophie. 248 Seiten. ISBN 978-3-7329-0547-8

Bd. 10 Gordon Seitz: Metaphysik und Naturwissenschaft bei Kant und Whitehead. Eine Verhältnisbestimmung. 128 Seiten. ISBN 978-3-7329-0521-8

Bd. 11 Norbert Klöcker: Künstliche Intelligenz und lernende Systeme. Kann ein Computer intelligent handeln? 186 Seiten. ISBN 978-3-7329-0648-2

Frank & Timme

PHILOSOPHIE, NATURWISSENSCHAFT UND TECHNIK

Bd. 12 Henning Stahlschmidt: Zwischen Freiheit und Vernunft – Die Möglichkeit in der Phänomenologie Husserls.
112 Seiten. ISBN 978-3-7329-0792-2

Bd. 13 Jürgen H. Franz/Karsten Berr (Hg.): Menschenrechte und Menschenwürde. Philosophische Zugänge und alltägliche Praxis.
286 Seiten. ISBN 978-3-7329-0815-8

Bd. 14 Uwe Mylatz: Freier Wille – freie Wahl. Eine Kritik neurowissenschaftlicher Zugänge zu Willensfreiheit und Determinismus.
132 Seiten. ISBN 978-3-7329-0927-8

Bd. 15 Hartmut W. Mayer: Von der Grundlagenkrise der Mathematik zu den Gödelschen Unvollständigkeitssätzen.
104 Seiten. ISBN 978-3-7329-0934-6

Frank & Timme